新思想新实践新山东

XINSIXIANG XINSHIJIAN XINSHANDONG

本书编写组 编写

山东人民出版社

国家一级出版社 全国百佳图书出版单位

图书在版编目（CIP）数据

新思想新实践新山东／《新思想新实践新山东》编写组编写． —— 济南：山东人民出版社，2017.9

ISBN 978－7－209－11134－8

Ⅰ．①新… Ⅱ．①新… Ⅲ．①区域经济发展－研究－山东 Ⅳ．①F127.52

中国版本图书馆CIP数据核字(2017)第245733号

新思想新实践新山东

本书编写组　编写

主管部门　山东出版传媒股份有限公司
出版发行　山东人民出版社
社　　址　济南市胜利大街39号
邮　　编　250001
电　　话　总编室（0531）82098914
　　　　　市场部（0531）82098027
网　　址　http://www.sd-book.com.cn
印　　装　青岛国彩印刷有限公司
经　　销　新华书店

规　　格　16开（170mm×240mm）
印　　张　12
字　　数　130千字
版　　次　2017年9月第1版
印　　次　2017年9月第1次
印　　数　1-10000
ISBN 978-7-209-11134-8
定　　价　32.00元
　　　　　如有印装质量问题，请与出版社总编室联系调换。

目录 CONTENTS

新思想 新实践 新山东

四、统筹推进　协调发展

五、绿水青山　大美齐鲁

六、精准施策　共享小康

十、不忘初心 从严治党

一、治国新政　齐鲁新篇

科学理念指引实践，梦想之光照亮现实。在中华民族伟大复兴的历史大潮中，山东省以新理念新思想新战略为指导，全面推进经济文化强省建设，奋力谱写圆梦齐鲁的新篇章。

治国新政，开启征程

2012年11月15日，在党的十八届中央政治局常委同中外记者的见面会上，习近平总书记作出了庄严宣示："我们的责任，就是要团结带领全党全国各族人民，接过历史的接力棒，继续为实现中华民族伟大复兴而努力奋斗，使中华民族更加坚强有力地自立于世界民族之林，为人类作出新的更大的贡献。"这一宣示，不但让全世界再一次读懂了中国共产党人的使命担当，更让全世界再一次领略了中国共产党人开拓进取的精神品格。伟大宏愿，催人奋进；伟大实践，谱写华章。5年来，以习近平同志为核心的党中央承载着5000多年来波澜壮阔的中华灿烂文明，承载着亿万华夏儿女伟大复兴的远大梦想，承载着改革开放以来积蓄的深沉力量，挺立时代潮头，紧扣时代脉搏，运筹帷幄、总揽全局，不但形成了反映时代特征的治国理政科学理论体系，更审时度势地全面推进治国理政伟大实践探索，一步步引领"中国号"巨轮向着实现中华民族伟大复兴的光辉彼岸破浪前行。

◎ 5年来，以习近平同志为核心的党中央治国理政思想内涵不断深化

伟大的航程离不开思想的灯塔指引方向。党的十八大以来，面对纷繁复杂的国际国内形势和艰巨繁重的改革发展任务，以习近平同志为核心的党中央紧紧围绕坚持和发展中国特色社会主义这一主题，周密擘画、勇于创新，形成了一系列治国理政新理念新思想新战略，深化了对共产党执政规律、社会主义建设规律、人类社会发展规律的认识，为在新的历史条件下深化改革开放、加快推进中国特色社会主义建设提供了科学理论指导和行动指南。从确立"两个一百年"奋斗目标到提出"中国梦"，从统筹"五位一体"总体布局到协调推进"四个全面"战略布局，从把握中国经济发展新常态到牢固树立五大发展理念……这一系列具有鲜明时代特征的新理念新战略新思想的提出，不仅回答了时代提出的新课题，表征着治国理政总体方略的与时俱进和不断发展，为中国特色社会主义理论体系注入了新的时代内涵，更为推动中国特色社会主义迈向新的境界奠定了坚实基础，成为在新的历史起点上引领开创党和国家事业发展新局面的强大思想武器。

延伸阅读 习近平治国理政思想的"一二三四五"

一条主线——坚持和发展中国特色社会主义。

两个百年目标——第一个是到中国共产党成立100年时（2020年）全面建成小康社会；第二个是到新中国成立100年时（2049年）建成富强、民主、文明、和谐的社会主义现代化国家，实现中华民族伟大复兴的中国梦。

三个层面价值引领——社会主义核心价值观。富强、民主、文明、和谐是国家层面的价值引领，自由、平等、公正、法治是社会层面的价值引领，爱国、敬业、诚信、友善是公民个人层面的价值引领。

"四个全面"战略布局——全面建成小康社会是我们的战略总目标，全面深化改革、全面依法治国、全面从严治党是三大战略举措。

五大发展理念——习近平总书记在十八届五中全会上提出创新、协调、绿色、开放、共享的五大发展理念。

◎ 5年来，以习近平同志为核心的党中央治国理政战略布局次第铺展

"实干兴邦，空谈误国。"梦想的阶梯，需要艰辛的奋斗步步攀登，"不干，半点马克思主义都没有"。只有努力把新理念新思想新战略转化为坚定的理想信念和价值追求，转化为科学的思维方式和工作方法，转化为攻坚克难、开拓创新的能力和本领，才能在联系实际、解决问题、推动发展上不断取得实效。党的十八大以来，以习近平同志为核心的党中央抓大事、议大事、干大事，抓纲治国，开启了治国理政的新布局。党的十八届三中全会对全面深化改革作出战略谋划，党的十八届四中对全面依法治国作出顶层设计，党的十八届五中全会对全面建成小康社会进行了系统部署，党的十八届六中全会对全面从严治党进行了制度设计，这是党中央治国理政方略的渐次展开、深入推进。可以说，从党的十八届三中全会到六中全会的主题，构成了一条清晰的线索，展现出一个系统的纲领，这就是"四个全面"战略布局。有了"四个全面"战略布局，治国理政就有了"重点"，也有了"总抓手"。

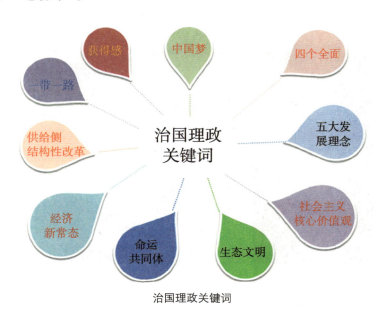

治国理政关键词

◎ 5 年来，以习近平同志为核心的党中央治国理政成就辉煌

执政 60 余载，中国共产党领航中国，一往无前；党的十八大以来的 1000 多个日夜，中国共产党秉持着宽广深邃的历史视野、统筹全局的战略思维、主动进取的创新精神，不忘初心，砥砺前行。治国理政新实践展现了中国特色社会主义建设的新气度、新风格，不仅迅速赢得了亿万人民群众的欢迎与信赖，也赢得了国际社会的广泛认可与赞同，为人类对更好社会制度的探索提供了中国智慧、中国方案。

延伸阅读　《习近平谈治国理政》行销海外

《习近平谈治国理政》一书收入了习近平总书记在 2012 年 11 月 15 日至 2014 年 6 月 13 日这段时间内的讲话、谈话、演讲、答问、批示、贺信等共 79 篇，分为 18 个专题。为帮助各国读者了解中国社会制度和历史文化，本书作了必要注释。本书还收入了习近平总书记各个时期的照片 45 幅，帮助读者了解他的工作和生活。自 2014 年 10 月出版以来，在国内外引发强烈关注，多国政要和著名中国问题专家对该书给予高度评价，海内外主流媒体刊发了 600 多篇报道进行推介或评论。

习近平系列著作

干在实处，走在前列

党的十八大以来，以习近平同志为核心的党中央治国理政新思想新理念新战略成为山东推动改革发展、做好各项工作的根本遵循，成为山东创新发展、持续发展、领先发展的行动指南，对山东的改革发展具有重大而深远的意义。尤其是2013年11月习近平总书记视察山东并发表重要讲话，对山东发展提出了殷切期望，明确要求山东要努力在推动科学发展、全面建成小康社会历史进程中干在实处、走在前列；2014年11月和2015年5月，习近平总书记又分别两次对山东工作作出重要批示，进一步提出了希望和要求。习近平总书记视察山东时的重要讲话和重要批示指示，在山东发展的关键时刻为全省发展指明了前进方向、注入了强大动力，极大地激发了全省人民加快建设经济文化强省的奋斗热情。

干在实处永无止境，走在前列要谋新篇。面对总书记的殷切期望，山东省郑重承诺："有基础有条件继续走在全国前列"。山东省不但是这么说的，更是这么做的。4年多来，山东省准确把握"走在前列"的目标定位，坚持以"走在前列"统领改革发展各项工作。省委、省政府在深入谋划山东发展新常态的基础上，在发展理念、发展动力、发展手段、发展途径上实现全面而重大的转变，努力做到发展思路着眼"走在前列"来谋划，发展布局围绕"走在前列"来展开，发展举措针对"走在前列"来制定，发展成果用"走在前列"来衡量，把各行业各领域奋勇争先的力量凝聚到了一起，汇聚起了攻坚克难、开拓前进的强大动力。

◎ 全面贯彻落实习近平总书记重要讲话精神，牢记嘱托，推动思想统一，凝聚力量

知为行之先，行为知之本。能否学习好、宣传好习近平总书记系列重要讲话精神和视察山东重要讲话、重要指示和批示精神，事关协调推进"四个全面"战略布局，事关山东未来长远发展，必须作为头等大事来

省委书记刘家义在中共山东省第十一次代表大会上作报告

抓。一是"深学习"。坚持以中心组学习、理论宣讲团等为抓手，全方位、立体式、分层分众深入开展学习习近平总书记系列重要讲话精神和党中央治国理政新理念新思想新战略，并以其为指引，统一全省党员干部和人民群众的思想。二是"实研究"。以山东省社会科学规划基金项目和出版基金等为引导，凝聚山东省哲学社会科学理论资源，组织开展对讲话精神的深入研究，阐释当代马克思主义的理论内涵，用治国理政新理念新思想新战略武装干部群众。三是"热宣传"。以《大众日报》、《支部生活》、《理论学习》、山东宣讲网等为阵地，多渠道、多角度抓好宣传普及，让讲话精神家喻户晓、深入人心，成为山东各项事业科学发展的强大思想武器。

山东宣讲网

◎ 全面贯彻落实习近平总书记重要讲话精神，牢记嘱托，加快工作指导重大转变

全面贯彻落实习近平总书记重要讲话精神，实现工作指导的重大转变，

是贯彻落实习近平总书记对山东工作总要求的关键环节，是山东发展面临新关头、迈入新阶段、实现新跨越的战略之举。党的十八大以来，山东省委、省政府认真学习贯彻党的十八大和十八届三中、四中、五中、六中全会精神和习近平总书记系列重要讲话精神，深刻理解对山东工作的总体要求，努力在全国发展大局中走在前列；深刻理解习近平总书记指出的改革关键问题，坚定全面深化改革的信心决心，把中央改革蓝图变为山东科学发展的生动实践；深刻理解习近平总书记提出的加快形成新的经济发展方式的要求，增强转方式调结构的紧迫感，把经济发展的立足点转到提高质量和效益上来；深刻理解习近平总书记重要讲话中蕴涵的科学方法，增强辩证思维能力，不断提高做好各项工作的水平；深刻理解习近平总书记提出的关于加强和改进党的建设的要求，弘扬优良传统，为推进改革发展提供坚强保证。

◎ **全面贯彻落实习近平总书记重要讲话精神，牢记嘱托，切实把改革发展各项任务落到实处**

坚持腾笼换鸟，努力在调整优化经济结构上取得新突破。山东省委、省政府力求准确把握调结构的取向和重点，统筹调整需求结构，深度调整产业结构，着力调整资源能源结构，更多地运用市场机制推动企业重组、产业转移、落后产能淘汰等工作，实现资源的合理有效配置。坚持创新驱动，努力在提高科技支撑能力上取得新突破。着力把科技创新摆在发展全局的核心位置，立足提高自主创新能力和科技贡献率，以强化资源整合和成果转化为重点，力求加快实现由"山东制造"向"山东创造""山东设计""山东标准"转变。坚持统筹推进，努力在促进区域协调发展上取得新突破。扎实推进"两区一圈一带"区域发展战略，加大对革命老区和经济欠发达地区的扶持力度，把优化区域产业布局作为工作重点，打造有重大引领和带动作用的特色区域、跨区域产业带、骨干产业和重点项目，建立跨区域紧密协调的产业体系，实现优势互补、共赢发展。坚持扩大对外开放，努力在提高开放型经济水平上取得新突破。实施更加主动的开放战略，在更广领域、更深层次上参与国际经济竞争与合作，不断厚植开放型经济发展新优势。坚持弘扬优秀传统文化，努力在推进社会主义核心价值体系建设上取得新突破。加强对优秀传统文化的挖掘和阐发，深化美德山东、文明山东、诚信山东建设，大力弘扬沂蒙精神。坚持以人为本，努力在保障和改善民生上取得新突破。把人民对美好生活的向往作为奋斗目标，认真研究解决群众最关心、最直接、最现实的利益问题，做好安全生产工作，努力提高社会治理科学化水平。坚持党要管党，努力在加强作风建

省委副书记、省长龚正在中国（曲阜）国际孔子文化节开幕式上致辞

设和提高领导水平上取得新突破。认真落实管党治党重大政治责任，着力提高各级领导干部的思想政治能力、动员组织能力、驾驭复杂矛盾能力，推进全面从严治党向纵深发展，统筹推进党建工作，以党的建设新成效为全面深化改革提供坚强政治保证。

积极作为，跨越发展

党的十八大以来，省委、省政府贯彻落实党中央治国理政新理念新思想新战略和习近平总书记视察山东重要讲话、重要批示精神，出台了一系列重大战略决策，改革发展持续推进，经济、政治、文化、社会、生态文明、党的建设诸方面成绩喜人，多项工作走在全国前列。5年多来，山东省委、省政府带领全体山东人民不懈拼搏，一路前行。山东没有辜负总书记的嘱托，做到了始终"走在前列"，交出了一份合格答卷。

◎ 综合经济实力大幅提升

经济保持平稳健康发展。2016年全省实现生产总值6.7万亿元，地方一般公共预算收入5860亿元。转型升级取得新成效，产业结构实现由"二三一"向"三二一"的历史性转变。供给侧结构性改革取得积极进展。创新驱动能力持续增强，山东半岛国家自主创新示范区、黄河三角洲农业高新技术产业示范区加快建设，一批国家级重大创新平台投入使用。交通、能源、水利等一批重大项目相继建成，基础设施保障水平不断提高。

◎ 改革开放取得重大进展

全面深化改革的主体框架基本建立，简政放权、财税金融、农业农村、司法体制等领域改革取得实质性突破。积极参与"一带一路"建设，深入推进鲁港、鲁台等交流合作，对外贸易结构持续优化，双向开放的广度深度不断拓展。

城市新区一瞥

◎ 区域城乡发展更趋协调

深入实施"两区一圈一带"区域发展战略，优势互补、融合互动的发展格局基本形成。新型城镇化稳步推进，县域综合实力不断增强，美丽乡村建设使农村面貌发生新的变化。对口支援和东西部扶贫协作取得积极成效。

◎ 民主政治建设有序推进

人民代表大会制度日益完善，社会主义协商民主进一步加强，爱国统一战线不断巩固壮大，群团组织作用得到更好发挥。双拥工作持续深化，军民融合深度发展。法治山东建设加快推进，平安山东建设成效明显，社会大局保持和谐稳定。

◎ **文化影响力进一步扩大**

社会主义核心价值观深入人心，美德山东、文明山东、诚信山东建设取得新进展。文化领域改革向纵深推进，文化产业发展活力进一步释放。基层公共文化服务水平不断提升，文艺精品创作喜获丰收，"孔子故乡·中国山东"品牌更加响亮。

◎ **生态山东建设步伐加快**

生态补偿制度和城际联防联控制度初步建立，主要大气污染物平均浓度逐步下降，水环境质量主要指标持续改善。国家下达的节能减排任务提前超额完成。生态修复工作不断强化，人居环境质量明显提高。

宜人的居住环境

◎ **人民群众生活持续改善**

居民收入较快增长，城乡收入比缩小到2.44∶1。精准扶贫、精准脱贫扎实推进，累计减贫671.1万人。社会保障体系进一步健全，城镇新增就业连年过百万人。民生投入力度不断加大，教育、卫生、体育、老龄、妇女儿童、残疾人等各项事业全面进步。

◎ **全面从严治党成效显著**

各级党组织管党治党的政治责任不断强化，党的群众路线教育实践活动、"三严三实"专题教育和"两学一做"学习教育扎实开展，党员干部理想信念更加坚定，"四个意识"明显增强，守纪律、讲规矩日益成为自觉行动。干部人才队伍和基层党组织建设取得积极成效，中央八项规定精神得到坚决落实，反腐败斗争形成压倒性态势，党风政风明显改善，党内政治生活呈现新的气象。

二、深化改革　全面开放

.

改革风起云涌，梦想海阔天空。在全面深化改革、扩大开放的历史大潮中，山东省立足新起点，开启新征程，有力有序推动全面深化改革和对外开放，描绘了齐鲁大地改革、创新、开放的新蓝图，为经济社会发展增添动力活力。

改革闯关，蹄疾步稳

最难走的路是上坡路，但上坡路是攀登高峰、登高望远的必经之路。随着改革进入深水区、进至闯关夺隘的关键期，必须拿出攻城拔寨的勇气和久久为功的韧劲，咬定目标，持续着力，方得始终。党的十八大以来，山东省紧跟中央改革步伐，认真贯彻落实全面深化改革的决策部署，结合省情及时谋划，以迎难而上的决心和信心走出了一条自己的改革之路，改革红利不断释放，人民群众获得感进一步增强。

◎ 凝聚共识再进发，做改革促进派与实干家

"事之当革，若畏惧而不为，则失时为害。"在全面深化改革的战略抉择下，山东省委全面深化改革领导小组大力凝聚改革发展共识，积极作为，按照"走在前列"的目标，高标准严要求推进改革攻坚。

5年来，省委全面深化改革领导小组先后召开30多次会议，通过数百个改革文件，成立了经济体制改革、民主法制领域改革、文化体制改革、

司法体制和社会治理体制改革、社会事业体制改革、生态文明体制改革、党的建设制度改革、纪律检查体制改革等8个专项小组，改革的触角覆盖经济、政治、文化、社会、生态和党的建设各个领域；以既当改革促进派又当改革实干家的积极姿态，全面加强重大改革事项调研、决策、执行、监督、评估等各项工作，以新的发展理念领导和督促各地级市及有关单位推进全面深化改革，在全省形成了想改革、敢改革、善改革的良好风尚，开创了全社会铆足干劲改革攻坚的生动局面。

◎ 科学谋划促深改，蹄疾步稳重实效

全面深化改革的攻坚战，是决定伟大复兴中国梦能否实现和关系国家前途命运的重大战役。它不是一场只要最终能够打赢就可以无限拖延的"持久战"，而是在国家发展"机遇期"内需要高效打赢的一场战斗。山东省深刻认识全面深化改革的重要性与紧迫性，着力加强顶层设计和科学谋划，分解细化改革任务，监督改革部署落到实地、见到实效，确保全面深化改革"蹄疾而步稳"。

第一，明确时间表与路线图。

早在2014年山东省委全面深化改革领导小组第一次会议上，省委全面深化改革领导小组就提出明确要求，要抓好全省改革的总体设计、统筹协调、整体推进和督促落实，各专项小组要认真研究相关领域重要改革问题，提出本领域改革实施方案，明确路线图和时间表。各专项小组根据本领域的改革任务，制定出了各自的路线图与时间表。

第二，科学制定改革方案。

十八届三中全会后，山东省委第十届委员会第八次全体会议审议通过了《中共山东省委关于深入学习贯彻党的十八届三中全会精神的意见》，对山东省今后一个时期的改革工作作出全面部署，同时制定了省有关部门贯彻实施《意见》重要举措的分工方案，对251项重要改革任务做了分解分工；进一步制定了《山东省全面深化改革重要举措实施规划（2014～2020年）》，对未来几年全省改革实施工作作出整体安排，明确了各项改革举措的任务要求和分工职责。近年来，省委全面深化改革领导小组还明确提出了各年度的改革工作要点、改革任务和重要改革事项。目前，全省百余项重点改革事项、千余项改革任务基本完成，全面深化改革的主体框架基本确立。

第三，深入调研狠抓落实。

全面深化改革的成效如何，关键取决于改革举措的具体落实情况。在全面深化改革工作的开展中，省委及各地方全面深化改革领导小组不仅仅满足于有关单位对改革方案推进落实情况的汇报，而是更加注重深入基层开展调查研究，对照省委确定的改革要点逐项督导检查改革方案，广泛听取各方意见和建议，总结经验，确保方案接地气、显实效；加快建立全过程、高效率、可核实的改革落实机制，确保改革措施落到实处；强调党委（党组）书记第一责任人职责，狠抓督察和落实，严格问责，展现了全省打赢全面深化改革攻坚战的决心。

◎ 推深改不忘初心，共享成果赢得民心

习近平同志强调，"人民群众对美好生活的向往，就是我们的奋斗目标"，坚持发展成果由人民共享，要"让人民群众有更多获得感"。而以人民为中心谋划改革，给人民群众带来更多的获得感与幸福感，正是山东省全面深化改革矢志不移的航向。

初心不改，方得始终。省委全面深化改革领导小组第一次会议就明确提出，全面深化改革要"尽快见到成效，让群众看到希望，让全省上下对改革充满信心"！山东省改革始终以维护好群众利益为工作重心，努力杜绝群众眼中的"政绩工程"

农民在确认自己的土地承包经营权

和"花架子工程"，释放发展红利，不断把造福人民的改革事业推向前进。

人民利益大如天，一枝一叶总关情。全面深化改革内蕴着对人民群众的浓厚情怀，山东省委在全面深化改革的统筹部署中，谋民生之利，解民生之忧，始终要求各级单位将全面解决人民群众关心的教育、就业、收入、社保、医疗卫生、食品安全等问题摆在突出位置，积极回应人民在经济、政治、文化、社会等各领域的关切，深化了干群鱼水情。

深改路漫其修远，上下求索志不移。深处改革的攻坚期与深水区，山东省矢志不移地推动改革，勇于冲破思想观念的障碍和利益固化的藩篱，敢于啃硬骨头、涉险滩，努力探寻全面深改的有效路径，突破自身发展瓶颈、解决深层次矛盾和问题，走出了一条打通关键、激活全盘的深改之路。

经济深改，强力牵引

聚焦制约经济发展的瓶颈和体制机制障碍，山东省以空前力度推进经济体制改革，经济领域的多项改革措施更是走在全国前列，成为牵引经济增长的强大引擎。金融改革、国企改革、财政改革、供给侧改革等等一系列"掷地有声"的经济改革举措正在落实落地，在激发山东省经济运行活力的同时，也使越来越多的城乡群众、市场主体深切地感受到了改革红利所带来的获得感和幸福感。

◎ 深入推进金融改革，率先建立省市县三级地方金融监管体系

在全面深化改革开局之年，省政府就出台了"金改22条"，为以"农业大省""大象经济"著称的山东插上了金融的"翅膀"。

金改4年多来，山东省金融发展交出了一份满意答卷。山东省在全国率先建立起了地方金融监管体系，并成为全国开展新型农村合作金融的唯一试点省份。目前，已全面完成农村信用社银行化改革，成为全国第4个完成农信社银行化改革的省份；新型山东小额贷款公司、民间融资机构、

延伸阅读 金改22条

　　2013年8月7日，山东省人民政府出台《关于加快全省金融改革发展的若干意见》，明确提出争取用5年左右的时间，初步建成与全省实体经济和企业创新相适应、市场化水平较高的现代金融体系。由于《意见》提出22项改革措施，因此外界称其为山东"金改22条"。山东"金改"满两年之时，就创下了全国五宗"最"：在区域股权交易市场与全国市场挂牌企业批量对接开先河；推鲁证期货成为中国首家上市期货公司；发行中小企业集合票据居全国首位；首家新三板上市商业银行；设立116家村镇银行，居全国之首。

村镇银行等"草根金融"机构发展步伐较快，截至2016年6月，村镇银行达到128家，居全国首位；2016年7月1日，《山东省地方金融条例》正式施行，成为我国首部涉及地方金融监管的

 相关链接

　　自2015年1月起，山东省试点新型农村合作金融，以农民专业合作社为平台规范开展信用互助，提供最直接、最基础的服务，破解农民生产经营融资难问题。信用互助，顾名思义，就是人与人之间借用资金互相帮助以应急用。与存银行不同，农民的余钱并不交给合作社。当社员有借款需求时，合作社向其他社员募集资金，交银行托管，再由托管银行把资金转到借款社员账户。其最大优点就是"快"，社员从申请到拿到资金最多1至2天，多数社员当天就能拿到"互助资金"，解燃眉之急。

省级地方金融法规；新型农村合作金融试点范围持续扩大，并逐步迈入完善提高阶段，相关金融服务业务有力破解了"农业第一大省"农民生产经营融资难问题。

临沂苍山县兰陵镇兰陵村镇银行

◎ 以大手笔推国企国资改革，改革举措走在前列

　　作为国企国资大省，山东省近年来成为国企改革的急先锋，改革呈现出顶层设计落地早、任务落实快、创新步伐稳等显著特征，大手笔的国企改

革政策和举措走在全国前列。2014年，山东省发布"1＋5"文件，明确了国企国资改革发展的主要目标和工作任务，"划转国资充实社保"成为此次改革方案中的突出亮点。

延伸阅读 "1＋5"文件

> 2014年，山东省发布《关于深化省属国有企业改革几项重点工作的实施意见》，与《省属企业国有资本划转充实社会保障基金》《关于进一步加强省管企业财务监督管理工作的意见》《关于加强省管企业审计监督工作的意见》《山东省省管企业财务等重大信息公开暂行规定》《山东省省管企业领导人员实行任职回避和公务回避及报告说明制度的暂行办法》等5个配套政策文件，合称为"1＋5"文件。

目前，国企混改成效初步显现。山东在省属企业中选取58家企业开展首批混合所有制改革试点，58家企业混改方案设计了严格、规范的公司治理体系，经过一年多实践探索和检验，试点工作有序平稳开展，取得积极成效。截至2017年3月底，58户试点企业全部制定改革方案，12户已基本完成。山东省更是在全国范围内首创"中小股东制"，混改完成的企业自身经营状况得到了显著改善。例如，兖矿集团权属金通橡胶资产负债率由改革前的104%下降为89.7%，净资产收益率提高30%。

此外，在组建改建国有资本投资运营公司、完善公司治理结构、推进高管人员契约化管理、经营性国有资产统一监管、实施财务等重大信息公开、建立防止利益冲突机制等方面的改革举措均走在全国前列。

◎ 财税改革，勇为人先

财政改革同样是力度空前，敢啃硬骨头，展现了山东推进改革的决心、魄力和智慧。山东省2014年就出台了《关于深化财税体制改革的意见》，提出了24项财税体制改革新举措。

政府开支透明公开，政府财政权力在阳光下运行。省、市、县三级政府预决算、部门预决算和"三公"经费预决算全部公开，接受全社会监督。

为解决财政扶持资金过于分散问题，山东省变"专项资金"为"引导基金"。省级专项资金从2013年的243项压减到2016年的67项。到2016年8月，省政府已发起设立19只政府投资引导基金和51只子基金，基金认缴总规模超过600亿元。这些创新性举措有效提高了财政资金的使用效率。

投融资体制改革不断深化，PPP模式正成为山东稳增长、惠民生的重要手段。到2017年3月，全省共储备并纳入全国PPP综合信息平台的项目1154个，概算提资额1.273亿元，项目数、提资额均居全国第二位；进入执行阶段项目279个，概算提资额3286亿元，项目落地数量稳居全国第一位。

深度解读

PPP（Public—Private—Partnership）模式，是指政府与私人组织之间，为了提供某种公共物品和服务，以特许权协议为基础，彼此之间形成一种伙伴式的合作关系，并通过签署合同来明确双方的权利和义务，以确保合作的顺利完成，最终使合作各方达到比预期单独行动更为有利的结果。

◎ 推进供给侧结构性改革，产业结构不断优化

推进"三去一降一补"为主要内容的供给侧结构性改革是我国经济发展的主线。作为经济大省、工业大省，"去产能"成为摆在山东省供给侧结构性改革面前的首要任务。2016年，山东省出台的《关于深入推进供给侧结构性改革的实施意见》提出，"十三五"期间，山东将退出煤矿114处，化解产能6460万吨，分别占现有煤矿和产能的59.38%和35.72%。

目前，随着这些目标的逐步推进，山东经济结构不断优化，

 关键词

"三去一降一补"：供给侧改革主要涉及产能过剩、楼市库存大、债务高企这三个方面，为解决好这一问题，就要推行"三去一降一补"的政策，即去产能、去库存、去杠杆、降成本、补短板五大任务。

传统产业加速转换，落后产能接续退出。仅2011年至2015年，全省实际淘汰炼铁产能1240万吨、炼钢产能963万吨，分别完成国家计划的117%和169%；实际关闭煤矿81

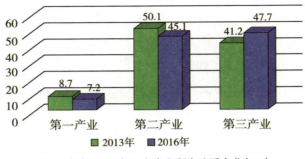

2013年与2016年三大产业所占比重变化（%）

处，淘汰产能1158万吨，分别完成国家计划的180%和192%。至2016年9月末，全省规模以上工业企业中，水泥企业已淘汰158家，黑色金属冶炼及压延加工企业淘汰85家，炼油企业淘汰45家，煤炭开采和洗选企业淘汰42家。在新旧动能转换中，全省工业总量和效益全国第二，增速全国领先。服务业发展呈现出总量膨胀、结构优化、后劲增强的良好态势，2016年全省服务业总量占GDP比重达47.7%，首次超过工业，全省产业结构实现由"二三一"到"三二一"的根本性转变，产业布局不断优化。

关键改革，破冰前行

　　全面深化改革，是一项涉及经济、政治、文化、社会、生态和党的建设各个领域改革的系统工程。山东省在推进经济领域深改的同时，统筹推进其他各领域内的关键性改革，牵住各领域改革的"牛鼻子"，明确主攻方向，集中推出了一批力度大、措施实、带动力强、形成"可复制、可推广"的改革举措，不仅惠及山东人民，还为全国改革积累了经验。

　　◎ 医疗改革

　　率先建立了全省统一、城乡一体的居民基本医疗保险制度，率先建立了城乡一体、全省统筹的居民大病保险制度，基本建立起了全民医保体系。山东成为全国首个城乡居民医保并轨的省份，全省居民医保基本实现了对城乡人口的全覆盖，参保人数居全国首位。

◎ 收入分配改革

2015年3月，省委组织部、省编办、省人社厅、省财政厅、省总工会联合下发《维护机关事业单位未纳入正式职工管理人员劳动保障权益的通知》，率先推进同工同酬政策落实。山东省落实同工同酬政策走在全国前列。

◎ 电力体制改革

出台电力体制改革综合试点方案，有序放开输配以外的竞争性环节电价，建立市场化定价机制与交易机制，稳步推进售电侧改革。近年来，山东省年度电力直接交易额及节约用户用电成本额两项指标均居全国前列。

◎ 土地制度改革

围绕完善农村产权制度和构建新型农业经营体系，全面加快推进农村产权确权登记颁证、集体资产股份合作制、产权流转、土地制度、产权流转交易市场五项改革，国家农村改革试验区闯出"东平模式"。

农民得到了自己的确权证

── 深度解读 ──

东平模式

东平是山东省泰安市经济欠发达县，按照中央"坚持农村土地集体所有，实现所有权、承包权、经营权三权分置""在尊重农民意愿的前提下，也可以确权确股不确地"的要求，结合当地实际，积极探索创新，形成了政府引导型、能人带动型、资本融入型、资源整合型四种土地股份合作模式，被认为具有普遍借鉴意义。

泰安东平瑰青土地股份合作社的社员在采摘玫瑰

◎ 商事登记制度改革

积极贯彻落实《国务院关于印发注册资本登记制度改革方案的通知》（国发〔2014〕7号）和《国务院办公厅关于加快推进"三证合一"登记制度改革的意见》（国办发〔2015〕50号）精神，推进工商注册制度便利化，加强市场监管，全省实现工商部门的营业执照、质检部门的组织机构代码证、税务部门的税务登记证"三证合一"。

◎ 户籍制度改革

作为人口大省，认真贯彻落实《国务院关于进一步推进户籍制度改革的意见》（国发〔2014〕25号），积极开展新一轮户籍制度改革，进一步放宽户口迁移的政策，取消农业户口和非农业户口性质区分，建立统一城乡户口登记制度；计划到2020年，实现1000万农业转移人口和700万城中村城边村原有居民市民化，常住人口城镇化率、户籍人口城镇化率分别达到65%和55%以上。

◎ 行政审批制度改革

着力提升简政放权"含金量"，本届政府计划削减省级行政审批事项591项，届时省级行政审批事项减少一半左右，办结时限比法定时限缩短50%以上，力争成为全国行政审批事项最少、办事效率最高、服务质量最优的省份之一。

◎ 生态文明体制改革

积极创建环境行政执法与刑事司法衔接机制，实行公安、环保部门联勤联动执法，环境监管法律的权威性和震慑力得到不断彰显；专门设置生态文明体制改革专项小组，将环保领域改革摆在全面深化改革的突出位置，在全国率先推出环境空气监测管理制度改革，出台国内第一部《环境空气质量生态补偿暂行办法》。近年来，空气质量良好率由过去各地自行上报的90%多下降到60%左右；2016年，"蓝天白云，繁星闪烁"天数为248.9天，同比增加34.2天，重污染天数为23.1天，同比减少6.8天，全省环境空气质量综合指数平均为6.74，同比改善9.7%。威海市成为首个空气质量综合指数达到国家二级标准的山东城市，填补了山东省无达标城市的空白。

济南大明湖

◎ 文化体制改革

深化文化行政管理体制改革，积极推动深化文化事业单位人事、收入分配、社会保障、经费保障等制度改革，加快国有文化企业公司制、股份制改造，以文化体制机制的改革创新不断推动文化事业文化产业繁荣发展。《关于进一步深化文化市场综合执法改革的实施意见》《全省性文艺评奖改

山东书城

革方案》和《山东省文化产业投资集团公司组建方案》等一批改革实施意见和方案相继出台，全省文化改革发展活力不断增强。

◎ 科技体制改革

高度重视并积极推进科技体制改革，通过构建支持创新的科技管理新机制、强化企业技术创新主体地位、激发科研机构创新活力、发挥科技创新支撑引领作月、完善支持人才创新机制、促进科技和金融紧密结合、构建现代科技服务体系、扩大科技交流合作等系列重要举措，加快科技创新发展；建立了省深化科技体制改革领导小组、创新政策协调审查机制、将重点科技创新指标纳入17市经济社会发展综合考核体系等保障机制，要求到2020年，全社会研发投入占生产总值比重达到2.6%左右，科技进步对经济增长的贡献率达到60%左右，实现高新技术企业数量、产业产值翻一番，规模以上工业企业设立研发机构的比例达到20%左右。

◎ 民主法治改革

面对社会发展中的新情况新问题，及时改革完善法律规范，填补"真空地带"，立足民生打造"公平正义之剑"，制定、修改了辐射污染防治、供热、人口与计划生育、老年人权益保障、国有土地房屋征收与补偿条例等与人民群众利益息息相关的法规。在司法体制改革方面，重点推进深化司法公开、废止劳教制度、建立涉法涉诉信访终结制度、建立轻微刑事案件快速办理机制、健全司法救助制度、完善人民陪审员制度等6项改革。

◎ 党的建设制度改革

省委办公厅印发《山东省深化党的建设制度改革实施方案》，分别从深化党的建设工作责任制度改革、党的组织制度改革、干部人事制度改革、党的基层组织建设制度改革、人才发展体制机制改革5个方面，提出改革的21项主要任务和29项具体举措，并规定责任主体、时间进度和可检验的成果形式；明确到2020年建立起系统完备、科学规范、运行有效，更加成熟更加定型的党建制度体系。

◎ 纪律检查体制改革

进一步改进对主要领导干部行使权力的制约和监督，组织开展廉政谈话，对离任干部进行任期经济责任审计；完善落实党风廉政建设责任制，健全反腐败领导体制和工作机制；紧盯元旦、春节、中秋、国庆等重要节点，持之以恒纠正"四风"问题。

"一带一路"，打造支点

"丝绸之路经济带"与21世纪"海上丝绸之路"是党中央、国务院适应国际国内形势深刻变化而作出的重大决策与顶层设计，旨在全方位推进我国更深程度的改革开放，与沿线国家打造政治互信、经济融合、文化包容的利益共同体、命运共同体和责任共同体，为实现中华民族伟大复兴的中国梦助力。山东作为沿海经济强省，又处于"一带一路"交汇地区，具有重要区位优势与发展前景，自始至终主动应对和积极对接这一国家倡议。2015年1月，山东省第十二届人民代表大会第四次会议强调主动融入"一带一路"倡议；2015年3月，国家发展改革委、外交部、商务部联合发布了《推动共建丝绸之路经济带和21世纪海上丝绸之路的愿景与行动》，青岛、烟台等被列为重要港口节点城市；2015年11月，中共山东省委在"十三五"规划建议中再次强调主动对接"一带一路"倡议。目前，山东省已被明确定义为"一带一路"规划海上战略支点和新亚欧大陆桥经济走廊沿线重点地区，正在海陆统筹、双向布局的发展战略指导下全面对接"一带一路"。

◎ 青岛港世界性布局

青岛是我国重要的经济中心城市与沿海开放城市，在"一带一路"国家规划中，青岛被确定为"新亚欧大陆桥经济走廊"主要节点城市和"21

青岛港

世纪海上丝绸之路"合作支点城市，双重战略地位明显。依托这一战略优势，青岛港先行先试综合布局，深化与沿线国家和地区港口物流、航线与投资合作，取得良好成绩与效果。2015年，海关总署为融入国家"一带一路"倡议实行丝绸之路经济带海关区域通关一体化改革，青岛港确立了自己在此次改革中的"龙头"地位。2015年4月13日，丝绸之路经济带海关区域通关一体化应急协调中心在青岛正式启用；5月1日，由青岛海关牵头9个省区的青岛、济南、郑州、太原、西安、银川、兰州、西宁、乌鲁木齐、拉萨等10个海关被整合为一体化板块，实现"十关如一关"，打造丝路经济带沿线物流"黄金通道"。青岛设立唯一区域审单中心，打造政策洼地，突显"龙头"地位与作用。在此基础上，青岛港进一步深化与沿线地区和国家的多方面、多领域合作，打造"以港口为龙头、以产业为依托、以物流为载体"的投资发展新模式，目前已开通郑州、洛阳、银川、西安、乌鲁木齐、成都等沿线班列，在河南郑州、陕西西安、新疆乌鲁木齐合作共建了内陆港，并通过新疆阿拉山口和霍尔果斯两个边境口岸，开通了连接日韩、东南亚和中亚五国，贯穿东西的"过境海铁联运大通道"。同时，青岛港已与巴基斯坦瓜达尔港签订《友好港口意向书》；完成了缅甸皎漂港30万吨油码头首船靠泊作业，并持续提供技术支持，进一步深化合作；与哈萨克斯坦铁路公司下属的物流公司积极接洽，力求在国际内陆港的建设方面取得新的进展。依托于"一带一路"倡议，青岛港正在世界性布局的道路上快速前进。

◎ 烟台海陆大通道建设

烟台是国家"一带一路"倡议确立的重要节点城市之一，与"一带一路"沿线64个国家均有贸易往来，而在整个东北亚地区，烟台具有成为区域性物流与交通枢纽的潜质与优势。为深度对接和融入"一带一路"倡议，发挥区位优势，推动区域经济腾飞，烟台致力于构建"海陆大通道"。2015年，国家发改委印发了《环渤海地区合作发展纲要》，环渤海城际铁路、中韩铁路轮渡、渤海海峡跨海通道等与烟台直接相关的项目出现在《纲要》中。目前，正在施工中的德龙烟铁路预计将于2017年全线通车，届时，滨州港、东营港、潍坊港、烟台港将连成一体，并辐射威海港，形成一个环渤海的铁路大通道。与此同时，中韩铁路轮渡项目规划的中方登陆点已确定设在烟台，烟台港正参与构建由中韩铁路轮渡—德龙烟铁路—石太铁路—太中银铁路—兰新铁路所构成的新的集"两头在外"和"铁路直通"为特点的跨境亚欧大陆桥建设。渤海海峡跨海通道项目业已由国家发改委规划研究中。这些项目将打开山东半岛的经济腹地，极大提升这一地区的交通区位优势与发展潜力，有力促进区域经济的快速发展。

◎ 多方位产业合作

"一带一路"沿线国家具有种类繁多的丰富资源，而山东省作为我国的经济与开放大省，在区位、市场、政策等方面具有与"一带一路"沿线国家开展全方面、深度相关产业合作的比较优势。电力产业合作方面，东南亚、南亚、西亚等国家用电市场广阔、电力资源丰富，但电力生产能力与配套设施建设落后。山东电力建设第三工程公司抓住机遇，采用国际流行的EPC（设计、采购、施工一体化）方式与印度、伊拉克等多个国家合作建设大型电力设施。矿产产业合作方面，恒顺电气股份有限公司先后完成了印尼东加煤矿、中加煤矿的资产收购项目，并与印尼公司签署镍矿收购协

济南到莫斯科的中欧班列

议，建设镍铁冶炼工业园。南山集团与红石氧化铝国际公司合作，于印尼配套建设氧化铝工厂、港口与生活区，南山集团投资比例占70%。石油产业合作方面，杰瑞集团积极开拓印尼油气市场，建立开采基地输入中国，并与俄罗斯、中亚等国家深入合作。此外，在林木业方面，烟台西北林业公司与俄罗斯合作了我国林业史上最大投资项目，目前已取得阶段性成果，实现采伐40万立方米、深加工20万立方米，并致力于打造林产一体化集团。这些产业合作项目取得的良好成绩，加强了山东省在"一带一路"倡议总体布局中的独特优势，并有力助推山东省经济的持续发展。

区域对接，融合发展

　　国家始终高度重视区域经济发展，在习近平治国理政新理念新思想新战略的指导下，我国区域发展战略不断完善，区域经济发展呈现新格局。2014年12月11日，中央经济工作会议提出重点实施京津冀协调发展、长江经济带等区域经济发展战略。2015年《政府工作报告》再次强调统筹实施"四大板块"与"三个支撑带"战略。此外，2012年12月，国务院正式批复《中原经济区规划（2012～2020）》，截至2015年年底，以郑州大都市区为核心的中原经济区总人口约1.6亿人，GDP约6万亿元，经济总量仅次于长三角、珠三角及京津冀，成为全国经济第四增长极。山东省北接京津冀、南靠长三角、西邻中原经济区这三大国家级战略发展区域，在结合自身区位优势的基础上，利用国家政策的支持，积极应对、主动融入，既要实现与国家重大区域发展战略的对接，又要进一步推动山东省各地区的经济腾飞。2013年，山东省政府印发《西部经济隆起带发展规划》，以中心城市为骨架，以特色产业为支撑，对枣庄、济宁、临沂、德州、聊城、菏泽6市和泰安市宁阳、东平两县统一规划、融合发展。其中，德州被纳入京津冀协统发展规划；菏泽、聊城、泰安东平县等被纳入中原经济区；济宁、临沂、枣庄等则南邻长江经济带。以西部经济隆起带为支点全面对接国家级经济支撑带是全面打开山东省西部经济发展新局面的有力助推。

◎ 德州融入京津冀协同发展

德州市所辖各区县准确定位、合理布局、大胆创新，以特色农业、工业制造、服务业、科技人才等多项产业为突破口，全面融入京津冀协同发展。2016年3月25日至26日，由全国城市农贸中心联合会主办，德州市商务局和德州市广播电视台联合承办的德州市首届对接京津冀优质农产品博览会在太阳谷国际会议中心举行。此次农博会以"产销对接、保障流通、促进消费、合作共赢"为主题，面向京津冀全方位展示高效生态、优质精品、绿色安全的德州特色农产品，建设京津冀农产品供应基地，打造周边城市"放心农场"。陵城区积极抓住机遇，承接北京非首都功能疏解和产业转移，将全区15个乡镇分组划片，有针对性地对接北京的8个核心区和天津的两个核心区，快速推进区域合作，先后与天津市河东区、北京市西城区、大兴区青云店镇等建立友好合作关系。在此基础上打造"国家万亩日光温室蔬菜大棚生产基地""马颊河生态岛"等生态农业与旅游名牌高地，巩固德州市京津冀优质农产品供应基地地位。2015年10月22日，宁津县与天津信星国际产业园、天津科信电子商务有限公司举行签约仪式，正式确立战略合作关系，在工业、服务业、科技人才和社会事业等方面进行全面合作，实现共赢发展。2016年5月19日，夏津县举行融入京津冀协同发展——中贸农产品综合商贸园入园签约仪式，中贸农产品综合商贸园的启用对进一步打造京津冀优质农产品供应基地起到不可替代的促进作用。乐陵市依托临近沧州市现代汽车第四工厂这一区位优势，抢抓北京汽车零部件生产企业外迁机遇，找准定位重点对接京津冀汽车零部件生产企业，2015年7月总投资2.2亿元的韩国裕罗汽车线束生产项目正式签约并投入运行。

◎ 聊城、菏泽、东平文化旅游融合发展

中原经济区是华夏文明发祥地，汇集众多历史文化名城与著名旅游城市，拥有极为雄厚的旅游资源。其中，聊城市是龙山文化发祥地；菏泽为著名"牡丹之乡"；东平县则是水浒文化、大汶河文化、古运河文化相互交融的旅游资源大县。聊城、菏泽、东平与中原经济区其他城市合作互补，积极推动文化旅游融合发展。国务院《中原经济区规划》提出：加快建设中原历史文化旅游区，加快培育世界文化遗产、中国功夫、拜祖寻根等一批精品旅游线路。为此，中原经济区积极打造特色旅游品牌，推出10条精品旅游路线，涉及聊城、菏泽、东平三地的旅游路线包括：聊城—菏泽—永城—淮北—宿州—蚌埠中原红色文化游；开封—郓城—东平—梁山—阳谷水浒文化游；济源—焦作—郑州—新乡—开封—濮阳—菏泽—聊城—东平黄河文化游。在此基础上，三市县依托本地特色旅游资源，以创造性思路深挖旅游潜力，推动经济发展。2017年4月29日，菏泽市牡丹区李村镇正式开启全年旅游模式，以培植特色旅游产业为中心，规划实施了"一镇三园"发展战略，即以黄河风景游览区为依托，打造独具特色的黄河风情小镇；以临济禅宗文化为特色，打造临济文化产业园；以返乡创业项目为带动，做大做强返乡创业园；以扶贫大棚和扶贫就业点为抓手，持续打造扶贫示范园。2017年5月8日，聊城市正式发布《江北水城旅游度假区总体规划》，按照"一廊、四轴、两镇"的规划结构，着力打造5A级旅游景区、国家级旅游度假区、旅游休闲度假目的地。东平县则以水浒影视城为平台，于2016年先后推出"元宵节""三八节""功夫文化节""风车节"等主题活动，打造主题文化旅游新思路。

◎ 临沂打造国际物流商贸中心

随着长江经济带被定位为国家级战略，鲁南地区迎来对接长江经济带的良好战略机遇，特别是在打造长江经济带向北拓展的物流商贸中心方面具有独特优势，作为中国商贸名城与物流之都的临沂市更是走在前列。

2016年，中国临沂国际商贸城开工建设，该项目将通过在贸易平台建设、贸易便利化、跨境电商贸易等方面的先行先试，以及实现国际化与现代化、生态与城市、经济与社会的和谐共融新理念，打造国际贸易中心核心功能区，是对接长江经济带乃至"一带一路"的重要窗口和平台。与此同时，临沂市在"十三五"期间将投入1500亿元升级交通基础设施，包括新建鲁南客运专线等高铁5条以上、建设客货运交通枢纽10处、临沂机场改扩建为4D级标准等。通过整合现代交通资源、建设国际物流商贸中心等措施，临沂等鲁南地区将在对接长江经济带方面发挥重要作用，推动区域经济快速发展。

强化载体，对外合作

工业园区是产业对接、对外合作的重要平台和载体。山东省是工业大省，有大批实力雄厚、理念先进的大型企业集团，他们在海内外工业园区的建设方面有积极尝试与丰富经验。近年来，以习近平治国理政新理念新思想新战略为指导，以大型企业集团为龙头，山东省积极探索载体平台共建，加快构建一批定位明确、功能齐全、特点突出、体系完善的新型工业园区，实现工业园区海内外科学布局，助推全省经济发展。

◎ 海尔境外工业园区建设

海尔是山东企业"走出去"的排头兵和主力军，秉持"先难后易"的开拓精神与"本土化国际化相结合"的经营战略思路，在境外大规模设厂的同时，开创了境外工业园区建设之先河，先后建设了美国海尔工业园、巴基斯坦工业园、中东工业园等。到目前为止，海尔已在四大洲18个国家和地区建立起8个工业园、24个制造工厂，完善全球布局的同时为山东省乃至全国企业"走出去"进行工业园区化发展做出了表率与示范。

◎ 海信南非工业园

2013年6月7日，海信南非家电工业园正式投产。该园区占地10万平方米，拥有40万台电视、40万台冰箱的年产能。可覆盖包括南非在内、撒哈拉沙漠以南的安哥拉、加纳、刚果等30多个国家和地区。海信南非工业园区的建立，不但为当地注入了新的经济活力，也符合自身的战略发展利益：谋得全球业务布局拓展的同时，在无形中以卓越的产品质量和优质的

海信南非工业园

服务提升了中国制造的形象。更为重要的是，海尔与海信的海外全球布局战略，为中国家电企业在市场日益饱和、竞争日趋激烈、利润空间下降的背景下保持企业竞争力、实现可持续发展提供了新的路向。

◎ 青岛中德生态园

按照中德双方的协议，2011年全面启动建设的青岛中德生态园将在10年内建成世界范围内具有广泛示范意义的高端产业生态园区、世界高端生态企业国际化聚集区、世界高端生态技术研发区和宜居生态示范区。按照这一目标定位，中德生态园的建设必将产生巨大的集聚带动效应，成为青岛西海岸经济新区发展新的增长点，并带动和辐射相邻地区。因为秉持开拓创新、合作共赢、生态优先等原则，青岛中德生态园更加符合习近平同志系统阐述的"创新、协调、绿色、开放、共享"的五大发展理念，是经济发展超脱"产业模式"，转向"生态模式"的创新性探索。

◎ 费斯托海外生产与物流中心

2017年5月11日，济南市与德国费斯托集团签署《费斯托集团全球生产中心新厂区建设项目入区协议》，标志着费斯托集团海外生产与物流中心落户济南。费斯托中心的落成，将推动济南乃至山东自动化产业的快速提升，为"中国制造2025"对接"德国工业4.0"发挥巨大作用。

三、创新驱动　升级跨越

习近平总书记指出，实施创新驱动发展战略，是立足全局、面向未来的重大战略，是加快转变经济发展方式、破解经济发展深层次矛盾和问题、增强经济发展内生动力和活力的根本措施。山东牢牢抓住创新发展这个关键，加大实施创新驱动发展战略，加速新旧动能转换，促进产业优化升级，加快创新型省份建设，为建设经济文化强省和在全面建成小康社会进程中走在前列提供强力支撑。

动能转换，成绩斐然

党的十八届五中全会把创新列在新发展理念之首，习近平总书记在省部级主要领导干部学习贯彻十八届五中全会精神专题研讨班讲话中更是形象地指出，抓住了创新，就抓住了牵动经济社会发展全局的"牛鼻子"。山东认真贯彻落实创新发展理念，制定出台了关于创新驱动、"双创"、"互联网＋"等的一系列政策文件，围绕推进"三去一降一补"供给侧结构性改革，着力推进云计算、物联网、大数据等信息技术与各行业各领域深度融合，以新技术、新产业、新模式、新业态为主要特征的新经济如雨后春笋般涌现，新旧动能转化的速度明显加快。

2017年上半年，山东省加快新旧动能有序转换，"四新"经济较快发展。高技术产业增加值增长11.1%，比规模以上工业高3.4个百分点。新

济南高新区齐鲁
创新谷

产品快速涌现，新能源汽车、城市轨道车辆、发动机、工业机器人、高性能化学纤维产量分别增长3.0倍、1.3倍、35.3%、16.1%和41.0%。新业态新模式蓬勃发展，2017年上半年，实物商品网上零售额175.7亿元，增长34.4%，较一季度加快20.6个百分点，增速高于限额以上单位商品零售额25.0个百分点。加快新旧动能转换，积极创建国家新旧动能转换综合试验区仍是2017年下半年统领山东省经济发展的重大工程。总体方案于2017年7月22日以省政府的名义上报国务院。项目库方面，按照"四新"促"四化"的要求，山东也筛选确定了先期储备项目600个，总投资3.8万亿元。并初步形成了"全省一张图、一个项目一张表"的工作格局。

◎ **企业技术创新取得丰硕成果**

在供给侧结构性改革和新一轮技术革命历史性交汇的关键时期，山东企业深刻认识到，要顺利实现转型，做大做优做强，就必须紧紧抓住创新这个第一动力，集中人才、资金等要素研发掌握新技术，加快提升价值曲线"技术端"的水平。

从新技术供给的分布来看，山东传统产业的裂变速度加快，大企业积极探索新的技术方向，开拓进入新的细分领域。如聊城的中通客车公司自主研发制造的国内首款网电耦合纯电动客车，成为国内节能与新能源客车的领导品牌，引领客车行业技术创新；中车青岛四方公司自主研发的高速动车组，试验时速可达605公里，集合了系统集成、车体、转向架、牵引、网络控制、制动系统等诸多先进技术；济南的浪潮集团对标美国IBM，正在研发的64路高端容错计算机技术指标达到国际最高端产品水平，节能稳定高效的SmartRack整机柜服务器在12306、百度等各大公司实现了大规模应用，性能指标达到国际先进水平。

同时，战略性新兴产业的中小企业快速涌现，中小企业专利申请量占比不断提高，成为技术创新的主力军。如烟台的万华化学公司对标德国巴斯夫（BASF），成功研制了尼龙12全产业链最高端3D打印材料；泰安的康平纳公司研制的筒子纱数字化自动染色成套技术与装备突破了中央控制系统单元、染料自动称量、微波烘干、热能回收等10余项关键技术，荣获国家科技进步一等奖。

◎ 创新推动产业链延伸和价值链提升

新技术和新模式共同推动涌现出一批新的产业，新兴产业外延化扩张趋势明显。VR（虚拟现实）、AI（人工智能）、数字动漫、微生态医药等以技术突破为基础、引发产业体系变革的新产业逐步从试验走向市场，推动了产业链的延伸和价值链的提升。如省内的中动、泽灵等几家文化传媒公司，专注动漫、影视产品创作和知识产权运营，着力推进动漫产品研发、生产、营销一体化；潍坊的歌尔声学公司介入VR领域并成为OCULUS（Facebook的子公司）和SONY的VR透镜独家供应商；东海药业成功创研6个微生态新药并实现产业化。

◎ 创新促进传统动能改造提升

大数据、云计算、物联网等网络信息技术的突破发展，催生了智能充电、"双创"孵化、"互联网＋"、电子商务等新业态。比较典型的有：潍坊的世纪阳光纸业公司注重培育提升高端工业设计水平，打造了从创意设计、造纸、预印、生产制造到物流配送的一站式、个性化包装新业态，实现了由单纯的造纸、卖纸传统模式向"绿色包装整体解决方案"提供商的转型；D37工业设计公司聚焦于拖拉机的"改头换面"，为众多小公司乃至萨姆道依茨、一拖、福田等国内外知名公司设计了45款拖拉机，并使每款产品具有了自己独特的基因，提升了产品附加值和竞争力；福田雷沃重工公司通过开展"智慧生产、智慧物流、智慧服务"，实现了与3000多家企业在采购、物流、营销等方面的业务协同，运行效率提高30%以上；济宁的圣丰云农场运用互联网技术，实现了全省32个云农业科技园种子、化肥、农药、农机的网上交易，能够为农户提供测土施肥、农技、金融、乡间物流、农场品定制化等多项服务；还有烟台的持久钟表集团采用"互联网＋时钟"模式，首创钟联网系统，可把公司销售到世界各地的时钟与中控室联在一起，随时远程维护运营，创造了被称为"时间服务"的新业态。

◎ 创新推动生产生活的巨大变革

基于互联网的创新创业、个性化定制、云制造、线上线下服务等创新模式、创业模式、市场模式、服务模式等持续涌现，给人们的生产生活方式带来了颠覆性变革。如海尔集团，实施"企业平台化、用户个性化、员工创客化"战略，鼓励人人当创客，打造了一批"创客社区"，颠覆了原有的创新模式。同时，围绕"云制造二维坐标"营造了新模式，即在纵坐标上创造用户最佳体验，包括用户大规模增值、用户圈场景和共创共赢；横坐标上创造企业价值，包括应用模块化、自动化、网络化、

海尔工业园一角

智能化，加速了集团平台化转型。红领集团开创了国内服装行业规模化个性定制的先河，搭建了消费者与制造商直接交互的C2M平台，人均效益提高30%，生产成本下降30%，定制产品实现"零库存"。济南的拓维公司的"金牌车服"品牌，提供私家车养修等O2O服务，车主可在线完成产品定制、服务预约、交易支付，线下选择便捷的网点享受施工服务，实现了互联网模式的汽车消费服务新体验。

创新驱动，人才先行

人才是创新发展的第一资源，习近平总书记强调："我们现在比历史上任何时期都更需要广开进贤之路、广纳天下英才"。党的十八大以来，山东省坚持人才优先发展，大力实施人才强

青岛国际院士港

省战略，紧扣创新驱动引才聚才，改革体制机制选才育才，优化创业环境用才留才，人才总量持续增长，高层次人才队伍不断壮大，各类人才创新创业活力充分迸发，人才对经济社会发展的贡献率进一步提升。

截至2016年年末，山东省共有两院院士37人，国家"千人计划"专家174人，国家"万人计划"专家162人，国务院政府特殊津贴专家3136人，省有突出贡献的中青年专家1297人、齐鲁首席技师1209人、高技能人才达到268.7万人，泰山学者952人，泰山产业领军人才354人，全省人才资源总量达到1400多万人。一个从人才大省向人才强省转变的宏伟蓝图正在齐鲁大地蓬勃展开。

◎ 完善的人才政策体系

2013年出台《关于加强党管人才工作的实施意见》，对新形势下加强党管人才工作进行了全面系统的规定；2014年印发《关于进一步加强党委联系专家工作的意见》，形成了三级联系专家工作体系；2016年7月出台《山东省"十三五"人才发展规划》，提出了"十三五"时期人才发展的四大工作目标、四项重点任务与五大改革政策措施；2016年7月，印发《关于深化人才发展体制机制改革的实施意见》，提出了一系列突破性的改革举措。

完善的人才政策体系

灵活的人才管理机制

合理的收益分配机制

健全的知识产权保护

多措并举释放活力

深化人才发展体制机制改革

上述文件与《关于支持省级人才改革试验区建设的若干政策》《引进顶尖人才"一事一议"实施办法》《支持重点企业加快引进高层次产业人才实施办法》《山东省人才工作领导小组重点工作督办制度》《关于加强基层专业技术人才队伍建设的实施意见》《关于改革完善博士后制度的实施意见》《山东省鼓励社会力量引进高层次人才奖励实施办法》《关于创新公益类事业单位机构编制管理方式的实施意见》等一系列配套文件共同构建起了山东人才发展改革的框架。

◎ 多方位创新型人才培养机制

第一，深入推进高校协同创新计划。围绕山东省区域发展重点战略和构建现代产业体系，推动高等学校与高等学校、科研院所、行业企业、地方政府以及国外高水平大学、科研机构的深度融合、协同创新，共立项建设23个、培育建设12个山东省高等学校协同创新中心，共协同省内外高校45所、科研院所54个、企业103家、地方政府及相关部门20家，覆盖了山东省83%的硕士以上授权高校。

山东大学晶体材料国家重点实验室

截至2016年年底，山东省协同创新中心共承担国家级课题1478项，省部级课题1540项，产出标志性成果740项，获得授权发明专利2743项，成果转化590项。各协同创新中心聚集的相对固定和能够较长时期在中心从事研究的人员中，共有两院院士27人，入选省部级以上人才计划人员312人，海外专家75人。各协同创新中心创新人才培养模式，建立了研究生联合培养机制，共培养博士后439人，博士研究生884人，硕士研究生8111人，本科生41154人。

第二，建设国际化创新创业合作平台。持续加大人才平台建设力度，人才承载能力明显增强。《2016年山东省国民经济和社会发展统计公报》显示，截至2016年年末，共建成国家知识产权示范园区8个，国家火炬计划特色产业基地66个，国家级科技合作基地42个，院士工作站298个，国家企业技术中心179家，省级示范工程技术研究中心300家。国家知识产权试点市6个，国家知识产权强县工程示范县（区）14个，国家级高新技术产业开发区13个，国家级工程技术研究中心36个，企业国家重点实验室17个。山东大学结合犹太教研究领域的学科优势，成立以色列研究中心，与以色列名校希伯来大学合作，谋求农学、宗教学、信息科学、纳米技术等多个学科跨越式发展；完成与美国弗吉尼亚理工大学的中外合作跨学科学院建设；筹建"山大—哈佛医学教育中心"，推进山东医学国际人才培训基地建设；引进和利用国际医学尖端技术，筹建山东大学国际医疗中心；凝聚全球汉学研究力量，力争将山东大学发起成立的汉籍合璧与汉学研究联盟建设成为世界知名的汉学研究重镇；依托青岛校区，与青岛市高新区共建"山东大学中美科技创新国际产业园"，重点专注于生物、医药、材料、能源、海洋、环境、信息、交通等领域，寻求创新性解决方案，并为转化成产品、服务和实践应用的成果提供专业化服务。借助与德国亥姆霍兹联合会的合作，在青岛校区建设"德国学院"，打造具有山大特色的科研型德国研究合作平台；与英国剑桥大学合作成立"创新转化学院"，以促进高新技术和科技成果转化。

第三，加快技术型高校转型。一方面推进部分普通本科高校向应用技术型高校转型，加快建立需求导向的应用型学科专业。自2013年起，地方本科院校开始试点进行适度转型，山东交通学院、山东英才学院、青岛滨海学院3所高校入选教育部"应用科技大学改革试点战略研究"项目组。另一方面开展齐鲁工匠"三大工程"建设。从2017年起至2020年，建设20所技工教育特色名校、100所齐鲁技能大师特色工作站、"4＋N"个技能大赛集训基地"三大工程"。2017年4月，认定山东技师学院等7所院校为技工教育特色名校建设项目单位；山东公路技师学院等25个单位为齐鲁技能大师特色工作站建设项目单位；烟台城乡建设学校为世界技能大赛省级重点集训基地建设项目单位；山东工程技师学院等3所院校为技能大赛省级

烟台城乡建设学校

集训基地建设项目单位。

◎ 做强"泰山"系列人才工程

泰山学者工程。为大力实施"科教兴鲁"战略，更好地培养、吸引和凝聚高层次创新型人才，全面提升山东省高校的综合实力和科技创新能力，带动山东省优势学科赶超国内外先进水平，促进全省经济和社会各项事业跨越式发展，省委、省政府研究决定，在全省高等学校中实施"泰山学者"建设工程。泰山学者工程从2004年实施以来取得了显著成效，在海内外产生了广泛影响，享有良好的声誉和公信力。泰山学者工程，主要包括三项计划：一是泰山学者攀登计划。通过遴选一批创新能力突出，发展潜力巨大，研究方向处于世界科技前沿领域的高层次科技领军人才，给予强化支持，争取培养成为国家级科学家。目前全省泰山学者近千人，带动效应日益显现。二是泰山学者特聘专家计划。面向海内外遴选一批在一线从事科研攻关的高层次创新人才，给予重点支持，造就一批高层次创新领军人才。截至2016年年末，全省共有600余人次入选，其中高校领域管理期内泰山学者特聘专家共224人。三是泰山学者青年专家计划。计划支持200名左右，具有较强科学研究能和创新潜能的青年拔尖人才，给予跟踪培养，造就一批学术带头人。该计划2016年首次遴选，全省共有79人入选，其中高校领域49人入选。

泰山产业领军人才工程。2014年，省委、省政府决定在原来实施泰山学者工程的基础上，进一步优化拓展实施泰山学者工程和泰山产业领军人才工程，力争5年内引进培养1000名从事产业技术创新、成果产业化和技能攻关的领军人才。其中，泰山学者工程，突出"学者"定位，重点引进培养从事基础研究、原始创新和共性技术研究的创新型科技人才；泰山产业领军人才工程，突出服务产业发展导向，重点引进培养对产业发展有重大引领带动作用的领军人才，包括高效生态农业创新类、传统产业创新类、战略性新兴产业创新类、现代服务业及社会民生产业创新类、科技创业类、产业技能类、蓝色产业领军人才团队支撑计划等。2016年，省委、省政府

"泰山"系列人才工程

确定180人为泰山产业领军人才，其中包括高效生态农业创新类15人，传统产业创新类30人，战略性新兴产业创新类32人，现代服务业及社会民生产业创新类34人，科技创业类（国内）35人，科技创业类（海外）27人，产业技能类7人。

◎ 健全的保障机制

《中共山东省委、山东省人民政府关于深入实施创新驱动发展战略的意见》是山东省创新发展的引领性文件，共包括5部分、23条。全面激发和保障山东省创新动力。以科学合理的利益分配格局为导向，加快促进科技成果转化为现实生产力，主要是解决科技与经济"两张皮"的问题。通过推动科技成果"三权"下放，提高科研人员成果转化收益比例等措施，进一步简政放权，扫除障碍，突破瓶颈，赋予科研人员更大的自主权，允许高校用无形资产入股，多措并举促进科技成果转化为现实生产力，更好地发挥科技对经济的拉动作用。

以深化知识产权创造、运营和保护为抓手，着力营造公平竞争的创新环境。通过资金补助等政策措施，增强企业创造知识产权的积极性和主动性；支持各类市场主体参与知识产权运营，以便更好地发挥知识产权的市场价值；通过加强知识产权保护，营造公平竞争的创新环境，保障创新者的最大权益。

财政杠杆，激励创新

推动创新创业，离不开作为"源头活水"的资金支持。发挥财政资金的杠杆作用，多渠道帮助企业解决资金需求。整体上看，近年公共财政预算中科学技术支出整体上呈快速增长趋势，从2011年的109亿元增长到2015年的159亿元。政府财政资金带动企业研发费用迅速增加，规模以上工业企业研发费用从2011年的743亿元迅速增长到2015年的1292亿元。规模以上工业企业专利申请数也由同期的2.8万件增长到4.2万件，有效发明专利数也从1.1万件迅速增长到3.4万件。

◎ 财政杠杆撬动社会资金

将原来单一的无偿资助，向普惠性引导、股权投资、风险补偿和贷款贴息等多种方式转变，每年撬动的社会资本有350多亿元，是政府投入资金的近20倍。在山东财政的科技资金里，杠杆性资金已经超过了三成。政

山东省近年科技支出情况图

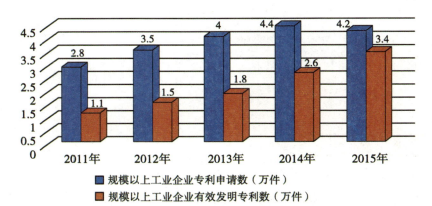

山东省近年科技专利情况图

数据来源：国家统计局

府部门不再直接管理具体项目，而是更多地从战略规划、政策环境和创新服务等方面去谋划，这种方式的转变使政府科技资金杠杆作用得到充分发挥。财政科技资金使用效率的提升，带动了创新型企业的快速增长。2016年山东高新技术产业增加值同比提高了7.8个百分点，全省整体研发经费在生产总值中的比重，提高到2.33%。

◎ 实行优惠的税收政策

《中共山东省委、山东省人民政府关于深入实施创新驱动发展战略的意见》规定："企业为开发新技术、新产品、新工艺发生的研究开发费用，未形成无形资产计入当期损益的，在依规据实扣除的基础上，按照研究开发费用的50%加计扣除；形成无形资产的，按照无形资产成本的150%摊销。企业委托省外或与省外合作开发先进技术的相关费用，按规定享受加计扣除

税收服务大厅

税收优惠。"

"国家级和省级工程实验室、重点实验室、工程（技术）研究中心、企业技术中心依托企业研发投入以不低于上年销售总额3％的比例计提，并逐步增长；其科技人员实际发放的工资额在计算应纳税所得额时可据实扣除。"

"获得免税资格认定的国家大学科技园、科技企业孵化器等非营利组织收入中属于免税收入部分，享受企业所得税优惠政策。"

◎ 挖掘多层次资本市场

鼓励和引导科技型中小企业通过中小板、创业板、"新三板"等实现上市融资。创新发展区域性股权市场，强化市场投融资和金融交易功能，打造专业化中小企业投融资服务平台。探索和规范发展互联网金融等融资新模式。争取建立区域性债券（票据）市场，探索发行高收益债券、可转换债券等新型债务工具，为科技型企业搭建区域性债务直接融资平台。积极争取开展项目收益债试点，鼓励承担政府与社会资本合作（PPP）项目的企业通过项目收益债融资，支持企业探索发行固定收益产品和资产证券化。

◎ 创新金融支持方式

支持符合条件的银行业机构在山东先行先试，探索为企业创新活动提供股权和债权相结合的融资服务方式，与创业投资、股权投资机构实现投贷联动。支持青岛国家财富管理金融综合改革试验区建设。在有效防范风险的前提下，鼓励和支持符合条件的银行业理财资金或自有资金通过信托、附

青岛金融街

回购条款的股权性融资、认股权证、可转换债券等方式或渠道，支持创新创业企业融资。

鼓励银行业机构探索设立科技支行或科技贷款专营机构，实行专门的信贷审批和风险管理政策，开拓知识产权质押贷款、贷投联动等新型信贷业务，为科技型企业提供专营化、特色化服务。济南已推动4家"科技金融合作银行"、2家"科技金融特色支行"为科技型企业提供专属定制化金融服务。各银行开发了"科创贷""助科贷""软件贷""科融贷"等26项科技类特色信贷产品。2016年，为全市525户科技型企业累计发放贷款105亿元，表外融资103.9亿元。

◎ 壮大创业投资规模

《中共山东省委、山东省人民政府关于深入实施创新驱动发展战略的意见》提出："逐步扩大省级创业投资引导基金规模。建立政府引导资金和社会资本共同支持初创科技型企业发展的风险投资机制，引导创业投资机构投资科技型中小企业。设立新兴产业创业投资引导基金，带动社会资本支持战略性新兴产业和高技术产业早中期、初创期创新型企业发展。创业投资企业采取股权投资方式投资未上市中小高新技术企业2年（24个月）以上，凡符合规定条件的，可以按照有关规定抵扣创业投资企业的应纳税所得额，当年不足抵扣的，可以在以后纳税年度结转抵扣。"

企业主体，自主创新

山东省充分发挥企业的市场主体地位，扩大企业在创新决策中的话语权，提升企业创新积极性。

◎ 强化企业创新主体作用

对接国家"创新百强"工程，首批选择10家企业开展龙头企业创新转型试点，探索政府支持企业技术创新、管理创新、商业模式创新的新机制。鼓励和支持骨干企业发挥技术创新核心作用，牵头成立以企业为主导、产学研合作的产业技术创新合作组织，并支持登记为社会团体或民办非企业单位法人，推进建立持续稳定的合作关系。围绕全省工业、农业、服务业转型升级急需的关键共性技术，面向社会公开征集科技项目，由企业牵头、政府引导、联合高校和科研院所实施，开展协同攻关。支持企业建设工程实验室、工程（技术）研究中心等以试验验证为主要功能的创新平台，开展科技成果中试、验证和转化活动，打通从科学研究到产业化之间的通道。健全省属国有企业技术创新经营业绩考核制度，把研发经费占销售收入比重、人力资本效率等纳入考核指标，加大技术创新在国有企业经营业绩考核中的比重。浪潮软件股份有限公司几年间将企业研发费用占营业收入比重从4.99%提升至13.07%。

延伸阅读　**浪潮集团创新发展**

浪潮集团是我国最大的云计算核心装备的制造商和解决方案提供商，拥有3家上市公司，主要业务领域涵盖系统&技术、软件&服务、半导体三大产业群组。集团拥有国家首批认定的企业技术中心、主机系统国家工程实验室、国家信息存储工程技术研究中心、国家级软件评测实验室、博士后科研工作站等重大创新平台，产品远销海外38个国家和地区。目前，浪潮服务器销量位居中国第一、全球前五，中国软件自主品牌第一，中国政务云市场占有率第一，已发展成为我国领先的云计算、大数据服务商。2015年实现营业收入630亿元。在创新发展方面，主要做法：

浪潮集团

一、搭建国家级研发平台，实施高水平研发

2015年，国家发改委批复由浪潮集团承担建设主机系统国家工程实验室，提供主机系统国产化方案，为我国信息安全保驾护航。承担6个国家级重大专项、4个省级重大专项，为项目研发提供了重要的资金保障。目前，浪潮64路高端容错计算机项目取得了重要阶段性成果，产品和技术指标均达到国外最高端产品的水平。通用服务器方面，发布SmartRack整机柜服务器产品阵列，市场占有率超过60%，在12306、百度、阿里巴巴、奇虎360大规模应用。操作系统方面，发布云海OSV4.0版本，性能指标达到国际先进水平。智能制造方面，联合山东大学等20多家机构成立中国智能制造信息化联盟。2015年获得受理专利3456项，牵头、参与制定国际标准3项，国家标准36项、行业标准3项。

二、注重加大创新投入，引进高层次人才

2015年浪潮研发投入40亿元，占销售收入6.3%。加大创新研发机构投入，不断完善创新体系，形成涵盖三级研发体系的创新链。2015年投资近2亿元建设国家主机系统国家工程实验室、国家工业产品质量控制和技术评价实验室，进一步提升了从应用基础技术研究、产品开发、到工程工艺技术研究的三级研发能力。注重技术人才培养，加强培养"头脑人才"团队。大力引进高端人才，目前已从国内外知名IT企业引进软硬件高层次人才共计460余人，为浪潮技术创新工作输送了新鲜血液。

三、注重"引进来""走出去"，完善产业布局

围绕云计算核心装备、云服务、大数据、智能制造等核心产业，以济南为中心，辐射全国，带动信息产业集群发展。积极推进网络设备研发生产，与美国思科成立合资公司，收购北京天元网络。浪潮与西门子、SAP等企业强强联合，聚集各方资源、产品、技术、人才优势，建设具有世界影响力的高端创新中心。与美国迪堡成立合资公司，研发金融领域的自助终端产品及解决方案，进一步了丰富金融行业的产品结构。围绕国家"一带一路"，业务拓展至85个国家和地区，先后在26个国家新建了代表处或分公司。

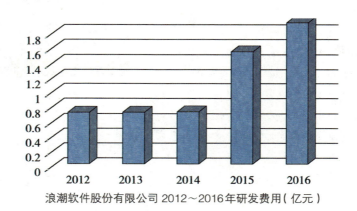

浪潮软件股份有限公司 2012~2016年研发费用（亿元）

◎ 建立完善创新服务体系

完善技术创新公共服务平台，建立健全中小企业技术创新社会化服务体系，大力扶持发展技术转移、检验检测认证、创业孵化、知识产权等专业科技服务和综合科技服务机构，扶持培育一批中介机构品牌，鼓励报考专利代理人并在山东执业。加快建设全省技术交易市场，积极培育网上技术市场、军民融合等新型创新服务业态，探索社会化运营模式。优化各类创新平台布局，按功能定位整合建立一批区域创新中心，服务"两区一圈一带"创新驱动发展。完善山东省大型科学仪器设备协作共用网络平台建设，优化扩大"创新券"政策实施范围。

◎ 推动企业"走出去"合作创新

强化部门协调，支持企业参与国际科技合作，到境外建立、并购研发中心，整合境外技术和品牌。通过设立引导基金等方式，支持企业海外投资创新类项目。支持企业探索跨境合作新模式，建立涵盖金融、通关、物流、退税、外汇等环节的跨境电商综合服务平台，推动设立具备海关、检验检疫监管和物流仓储功能的监管中心。鼓励金融机构综合运用内保外贷、外保外贷、投资保险、融资担保等方式，为企业跨国经营和境外创新提供综合金融服务，支持重大装备、先进技术、自主品牌和优势产能走出去。

整合资源，示范引领

2016年，山东半岛国家自主创新示范区建设启动实施，黄河三角洲国家农业高新技术产业示范区正式成立。这是山东省整合地区资源，实现优势互补，搭建创新大平台的尝试。山东省利用自身的海洋资源与海洋研究优势，支持建设国家深海基地和青岛海洋科学与技术国家实验室，在海洋资源研究与海洋生物研究领域创新发展。

◎ 山东半岛国家自主创新示范区

《中共山东省委山东省人民政府关于加快山东半岛国家自主创新示范区

建设发展的实施意见》指出，山东省举全省之力建设山东半岛国家自主创新示范区，充分发挥示范区对全省经济社会发展的支撑引领作用。

山东半岛国家自主创新示范区的总体定位是"以蓝色经济引领转型升级的自主创新示范区"，具体定位是"四区一中心"，即全球海洋科技创新中心、体制机制创新先行区、经济转型升级样板区、创新创业生态示范区和开放协同创新引领区。到2020年，示范区要实现四大目标。自主创新能力显著提升。研发经费支出占地区生产总值的比重达到3%左右，科技进步对经济增长的贡献率达到65%左右。围绕海洋工程装备、海洋生物和医药、信息通信、新材料等领域建设一批具有国内领先水平和国际竞争力的重大技术创新平台，带动全省区域创新能力进一步提升。产业优势更加明显。示范区高新技术产业产值占规模以上工业总产值的比重达到75%左右。培育形成10个左右规模达到1000亿元的创新型产业集群。创新创业生态环境更加优化。示范区内科技服务业实现集群化发展，国家级专业化科技企业孵化器数量达到50家左右。示范区内科技企业数量实现快速增长，高新技术企业数量较"十二五"末翻一番。开放协同体系更加完善。引进一批国外高水平研发机构，布局建设一批科技合作示范基地，推动创业骨干企业设立海外研发中心，形成多主体共同参与、多渠道全面推进、多形式开展合作、政策环境明显改善、机制体制更加灵活的科技合作新格局。

示范区内各高新区立足自身基础优势，努力突破一批制约重点产业发展的关键核心技术，取得一批具有重大科学意义或应用价值的原创性成果。

济南高新区。重点建设高效能服务器和存储技术国家重点实验室、量子通信卓越创新中心、国家超级计算济南中心、信息通信技术研究院等信息技术领域的重大创新平台，打造具有全国重要影响力的信息通信创新中心。

青岛高新区。发挥青岛海洋科学与技术国家实验室的作用，重点建设国家海洋领域工程技术研究中心、国家海洋技术转移中心、国家科技成果转化服务（青岛）示范基地、国家海洋设备质量监督检验中心等涉海研发与转化重大创新平台，加快推进国家科技服务业区域试点，打造具有全球影响力的海洋科学中心。

淄博高新区。立足产业发展优势，依托国家工业陶瓷材料工程技术研究中心等现有技术创新平台，集中打造全链条布局的新材料创新大平台，构建国内尖端水平、具有全球影响力的新材料创新中心。

潍坊高新区。以实施国家高新区创新驱动发展示范工程为契机，集中建设面向光电和动力机械产业提供专业服务的各类创新创业平台，打造中国（潍坊）创新创业孵化示范基地和国家创新人才培养示范基地。

烟台高新区。发挥沿海开放和合作交流优势，汇集国内外蓝色尖端资源，依托APEC科技工业园区、中俄高新技术产业化合作示范基地、山东国际生物科技园、中集巴顿焊接技术研究院，打造国际化的生物医药创新平台和海洋工程装备领域重大创新平台，建设国内海洋领域重要的科技成果转移转化策源地和智慧海洋创新中心。

威海高新区。抓住中韩自贸区地方经济合作示范区

威海高新区一瞥

建设的有利契机，依托军民融合发展优势，重点建设中欧膜技术研究院、国家先进复合材料高新技术产业化基地、山东船舶技术研究院等重大创新平台，打造具有全国影响力和竞争力的军民科技融合创新中心。

◎ 黄河三角洲国家农业高新技术产业示范区

山东省黄河三角洲农业高新技术产业示范区（简称"黄河三角洲农高示范区"），2015年10月经国务院批复设立，纳入国家高新技术开发区序列，2016年11月4日正式挂牌成立。

黄河三角洲农高示范区按照布局集中、产业集聚、用地集约、特色鲜明、规模适度、配套完善的要求，在盐碱地综合治理、发展现代农业、四

化同步推进等方面探索发展、做出示范，努力成为促进农业科技进步和增强自主创新能力的重要载体，成为带动东部沿海地区农业经济结构调整和发展方式转变的强大引擎。

　　黄河三角洲农高示范区重点建设黄河三角洲现代农业研究院、世界级盐碱地改良利用技术创新中心、农业科技成果孵化器，积极筹备建设园区大学、筹建科技成果转化与知识产权交易中心。创新现代农业产业体系，为发展一二三产融合的新农业做出示范。建设中国黄河三角洲第六产业创新研究院（智库）、"互联网＋农业"综合服务平台，抓好现代种业、功能农业、工厂化农业和精准农业，大力发展农产品精深加工、生物产业、智能农机装备制造，加快发展电子商务、文化旅游、健康养老等现代服务业。同时，深入推进国际农业科技合作，构建园区开放融合新格局。突出盐碱地改良国际合作，积极推进中以农业科技生态城建设，加强与中加、中荷间农业科技合作。以土地整理开发和农村新型社区建设为突破，推进农业强、农民富、农村美。培育现代农业地产开发商和服务商，实施土地开发

相关链接

　　山东省黄河三角洲农业高新技术产业示范区位于山东省东营中心城南部近郊，辖49个行政村，总人口约5.7万人，包含东营农高区、滨海产业区、丁庄镇三大板块，总面积约350平方公里。黄河三角洲农高示范区东临渤海莱州湾，海岸线长12.35公里，西与东营广饶县接壤，南隔小清河与潍坊寿光市相望，北与东营区以武家大沟为界，南北最大距离17公里，东西最大距离43公里。荣乌、东青两条高速公

黄河三角洲现代农业研究院

路在此设入口，新海（S320）、青垦路（S230）、广青（S319）3条省道贯穿全境，德大、黄大铁路途经境内，距东营火车南站10公里，距东营胜利机场仅半小时车程。区位优势明显，交通条件便利，生态环境良好，具有发展农业高新技术产业的巨大空间和潜力。

整理，建设农村新型社区，推动产村产镇产城融合。深入开展综合改革创新，全面激发示范区可持续发展的内生动力。建立科学高效的管理体制和工作运行机制，探索灵活高效的人才引用机制，积极开展土地金融、科技金融创新，深化盐场、农场、农村改革，强化园区立法支撑。

当前，黄河三角洲农高示范区将中以农业科技生态城项目、中加陆基化封闭式循环水三文鱼养殖项目、中荷设施农业装备研发制造项目、农业智能装备创研总部基地项目和现代农业综合试验基地等5个项目确定为重点项目，积极开展合作创新。

◎ 国家深海基地

国家深海基地由青岛建安建设集团有限公司建设，坐落在青岛即墨市鳌山卫街道，占地面积390亩，海域62.7公顷。

2015年3月17日，搭载"蛟龙"号载人深潜器的母船"向阳红09"船结束在印度洋的科考任务，停靠在青岛母港的国家深海基地码头，国家深海基地正式启用。

深海基地项目在国内史无前例，是继俄罗斯、美国、法国和日本之后，世界上第五个深海技术支撑基地，将建成面向全国具有多功能、全开放的国家级公共服务平台，为实现中华民族"可上九天揽月""可下五洋捉鳖"的宏伟夙愿，维护中国的海洋安全和海洋权益具有长远战略意义。国家深海基地不仅是"蛟龙"号载人潜水器的业务化运营单位，还将为中国各类深海科研提供公共服务平台，提供深海科研所需装备和技术支撑，发挥国家级深海研究基础平台的作用。

习近平总书记强调，要提高海洋开发能力，扩大海洋开发领域，让海洋经济成为新的增长点，海洋生物医药是山东重点培育的四个战略型新兴产业之一。党的十八大以来，山东依托国家级重大平台获取资源，用高新技术加快成果转化，海洋生物医药发展走在世界前列。在海洋国家实验室，来自五个国家的20多个团队正在开展的一项工作是"中国蓝色药库开发计划"，这个计划，将从包括"蛟龙"号带回来的新化合物在内的4200万个化合物中筛选发现新药物。

海洋国家实验室的专家们先通过超算虚拟技术海选，再回到现实，用海洋国家实验室另一项新技术——高通量技术再精选一次。高通量技术每天的筛选能力能达到1万个化合物以上，而且原料的使用量很少。超算虚拟加上高通量技术，彻底颠覆了海洋药物的传统研发手段，仅用两年时间，海洋国家实验室就发现了数百个具有成药前景的海洋化合物，这个成绩，相当于用两到三年就走完了过去需要几十年才能走完的路。

◎ 青岛海洋科学与技术国家实验室

青岛海洋科学与技术国家实验室（以下简称"海洋国家实验室"）于2013年12月获得科技部正式批复，由国家部委、山东省、青岛市共同建设，定位于围绕国家海洋发展战略，开展基础研究和前沿技术研究，依托青岛、服务全国、面向世界建设国际一流的综合性海洋科技研究中心和开放式协同创新平台，汇聚创新资源和创新团队开展原创性研究，提升我国海洋科学与技术自主创新能力，引领我国海洋科学与技术的发展。

2015年10月30日，青岛海洋科学与技术国家实验室正式启用。公共科研平台由国家投资建设，海洋国家实验室直接管理和维护。按照"增量带动存量"的原则，通过共享满意后补贴的方式，高效共享各类大型科研仪器设备，为科研人员提供优质科研条件，为科学研究提供支撑服务。

海洋国家实验室根据合作单位的海洋科学研究需要，正在建设高性能科学计算与系统仿真平台，未来将根据国家战略发展需要和国际海洋科技发展趋势，适时组建相关公共科研平台。海洋国家实验室确定了海洋动力过程与气候变化、海洋生命过程与资源利用、海底过程与油气资源、海洋生态环境演变与保护、深远海和极地极端环境与战略资源、海洋技术与装备的重点研究方向，将西太平洋—南海—印度洋动力过程与环境气候安全（透明海洋）、蓝色生命过程与资源开发利用（蓝色粮仓）、西太平洋洋陆过渡带深部过程与资源环境效应作为未来3～5年的重大科研任务。同时，启动高性能科学计算与系统仿真、海洋药物筛选、海洋科考船队等大型平台和海上试验场等大型设施建设，力争未来3年进入世界著名海洋科研中心之列。

海洋国家实验室定位于建设国际一流的海洋科技协同创新平台，先后与国际著名的美国伍兹霍尔海洋研究所、英国国家海洋研究中心、俄罗斯希尔绍夫海洋研究所等签订合作协议。先后成功举办"海洋全球高端峰会""鳌山论坛"等大型学术交流活动，已经成为国际海洋科技创新网络的核心节点。围绕国家战略需求，确定了海洋动力过程与气候变化等6个重点研究方向。服务"一带一路"战略，设立海洋动力过程与环境安全、海洋生命过程与资源开发利用、洋陆过渡带深部过程与资源环境效应等三大任务。组织物理海洋、海洋地质、海洋生物等多学科交叉融合，协同研究西太平洋—南海—印度洋区域（两洋一海）范围内的气候变化、航道安全、渔业资源，努力建设"透明海洋"。启动实施"鳌山人才计划"，对标国际、面向全球选聘海洋领域高端人才。2016年确定了首批"鳌山人才卓越科学家"17人、"鳌山人才优秀青年学者"16人，与约400名科研人员签订工作协议。

◎ 企业研究平台

企业激发出创新活力，搭建企业内部实验室、创新中心等研究创新基地，推动企业服务国家战略，服务地方发展，推动创新进步。

浪潮集团高效能服务器和存储技术国家重点实验室。2002年9月正式对外开放，2007年国家科技部正式批准建设高效能服务器和存储技术国家重点实验室，2010年12月通过专家组建设验收，2011年5月科技部授牌。实验室位于国家信息通信国际创新园（CIIIC）内，是国内唯一面向服务器和存储技术研究的国家重点实验室，是国家首批依托企业设立的国家重点实验室之一。

实验室以国家战略需求和产业发展为导向，以应用基础研究、关键技术研究和共性技术研究为主要研究重点，以解决高速、高效、海量、高可用性等高效能计算与存储问题为主要研究内容，设立了体系结构、系统设计、软件系统、测试评估4个研究部。

实验室采用开放、流动、联合、竞争的机制，现有固定人员76人，教授/高工及以上人员43人，其中863计划领域专家1人，863计划重大项目总体组专家3人，国务院特贴专家2人，山东省有突出贡献中青年专家3人，山东省万人计划海外引进高层次人才3人，济南市拔尖技术人才3人，济南市引进高层次人才1人；流动人员（包括高级访问学者、博士后、博士生、硕士生等）80余人。实验室建设面积5000平方米，仪器设备总值11400多万元，具备先进的研发信息网络和安全防护措施，同时可以提供系统压力测试、网络节点故障检测、逻辑仿真测试等大型综合检测环境。

海信集团研究发展中心。是国家创新体系试点企业研发中心、国家级企业技术中心，拥有数字多媒体技术国家重点实验室、国家城市道路交通装备智能化工程技术研究中心、国家级博士后科研工作站、光电器件关键

海信研究发展中心

技术国家地方联合工程实验室、国家级工业设计中心，是国际科技合作基地、国家863计划成果产业化基地。

海信集团研究发展中心现已建成国内较为完善的研发平台体系，全球建有12个中心。包括应用基础研究中心（国家级科研平台）、产品开发中心、工业设计中心、模具开发中心、检测中心、中试中心、数据信息中心、技术培训与学术交流中心、产学研合作基地（联合实验室、联合研发中心）等。海信研发中心设有数字显示技术、智能多媒体技术、数字电视技术、光学投影技术、智能家电技术、移动通信技术、智能交通技术、网络安全技术、计算机技术、光电子通信技术、医疗设备技术等研究机构。研发中心承担着海信核心技术与前端技术

的研发、新产品的开发与产业升级，产品结构调整的重任。

海信集团研究发展中心汇聚全球专职技术研发人员6000余人，其中国家千人计划2人、山东省泰山学者5人，高级专家和博士150多人，硕士1800多人，90%以上的研发人员为40岁以下的青年人。每年投入的研究与发展经费占产品销售收入的5%以上。截至2016年年底，海信承担国家级项目97项；主持和参与制定350项国际、国家、行业标准；累计申请专利11983项，其中，申请发明专利7078项；获得国家、省、市重大科学技术奖励161项。

山东银丰生命科学研究院。成立于2015年，致力于开展组织、器官和人体低温保存、复苏和器官功能维持等低温医学领域和生命科学的研究。2014年和2015年，分别考察了俄罗斯Kriorus、美国Cryonics Institution和美国Alcor Life Extension Foundation世界三大人体冷冻机构并签署合作备忘录。与国际低温医学工程学会、中国科技大学和山东大学齐鲁医院等科研院所进行合作，开展冷冻保护剂、低温保存设备和组织器官低温医学基础研究和临床应用，组建了包括国际低温生物医学、干细胞临床应用、临床医学和智能控制等领域在内的专家团队。

2015年，银丰生命科学研究院自主研发了YF系列人体组织器官玻璃化低温保护剂，研制了世界第一台大型高精度、大跨度程序降温设备，获得业内人士高度赞誉，已经建成的银丰低温医学工程技术研究中心正式投入使用，为国内外科研院所和临床机构等提供细胞、组织、器官和人体等人类遗传资源的低温保存、研究咨询与技术服务等。

2017年5月，银丰生命科学研究院与山东大学齐鲁医院临床专家共同完成了中国首例人体低温保存。

四、统筹推进　协调发展

"木桶"原理告诉我们，若要让一只木桶尽可能盛满水，必须使木桶的每块木板都一栏齐整。经济社会发展就像是一个大木桶，要想取得长足的进步，必须实现各方面发展的相互协调。山东省委、省政府认真贯彻落实协调发展理念，坚持区域协调、城乡一体、陆海并重，不断增强全省发展的协调性，在协调发展中拓宽发展空间。

区域发展，协同共进

作为东部沿海人口大省、经济大省，山东省长期以来存在着城乡及区域发展差距较大、海洋资源优势发挥不够充分等问题。针对这一情况，山东省坚持以党中央治国理政新理念新思想新战略为引领，着力在推进协调发展上下功夫、见成效，努力促进协调发展。省委、省政府于2013年8月通过了《省会城市群经济圈发展规划》《西部经济隆起带发展规划》，全省正式形成了由省会城市群经济圈、西部经济隆起带、山东半岛蓝色经济区和黄河三角洲高效生态经济区共同组成的"两区一圈一带"发展战略，进一步完善了全省区域发展格局，全省区域经济社会发展进入了一个新的历史阶段。

济南市路景

延伸阅读 省会城市群经济圈

区域范围：山东省会济南及周边的淄博、泰安、莱芜、德州、聊城、滨州，共7市，52个县（市、区）。总人口3368万人，国土面积52076平方公里，分别占全省34.8%和33.2%。

战略定位：全省改革开放先行区、发展动力强劲的转型升级示范区、具有积极带动作用的文化强省主导区、循环经济发展水平全国先进的生态文明和谐区，全国重要的战略性城市群经济圈。

发展目标：发展水平不断提高；经济结构优化升级；城市功能明显强化；生态环境不断改善；人民生活殷实富裕。

延伸阅读 西部经济隆起带

规划范围：枣庄、济宁、临沂、德州、聊城、菏泽6市以及泰安市的宁阳县、东平县，共60个县（市、区）。面积67179平方公里，人口4481万人，分别占全省42.8%和46.5%。

发展优势：地处鲁苏豫皖冀五省交界地带，南接长三角，北临京津冀，与半岛城市群、中原城市群相连，是山东与华北、华东和中西部地区联结的重要门户，是全国交通、通讯大通道的重要枢纽；人口众多，劳动力资源充足，且人力资源成本相对较低；矿产资源和水资源丰富，生态资源良好，发展潜力巨大。

目标前景：以现代农业为基础，以区域性中心城市和重点城镇为骨架，以特色产业为支撑，形成若干发展高地；建设省内高素质劳动力富集地带；建设山东省体制机制创新试验区；建设生态良好的美丽新西部。

◎ "两区一圈一带"建设初见成效

山东省委、省政府按照"面上推开、点上突破、融合互动"的区域发展总体思路，坚持东部提升、中部崛起、西部跨越，出台支持政策，加大要素支撑，组织开展专项督察，深入实施"两区一圈一带"提升行动计划，取得显著成效。

省会城市群经济圈着力建设科技创新和文化产业中心，整合人才、智力和科技创新资源，建设科技创新和人才聚集高地。2016年，省会城市群经济圈的各项事业发展稳步推进。济南高新区、淄博高新区成功入选半岛国家自主创新示范区，区域公

关键词

都市圈也称城市圈，是城市群的一种空间表现形式，它以一个或两三个中心城市为核心，与周边城镇连同这些城镇覆盖的空间地域形成密切社会经济联系，呈圈层状布局的空间组织形式。或者说，都市圈是由中心城市及周边大中小城市和地域共同组成的紧密的一体化区域。与传统的单体城市相区别，都市圈是一种组合城市。

路"两环十射"总体布局初步形成，济莱协作区"五个同城化"建设深入推进，110所中小学组建了教育发展联盟。同时，作为齐鲁文化的重要发祥地，省会城市群经济圈着力发展特色文化产业，打造文化品牌。2013年，汇集了12个国家级旅游城市、13个省级旅游强县、2个5A级景区和7个省级旅游度假区的省会城市群旅游联盟成立，经济圈内以泰山、泉城、圣人、江北水城、房干峡谷和齐鲁文化为主题的特色旅游体系基本形成。2016年，省会城市济南成功举办了第四届中国非物质文化遗产博览会和第六届山东文化产业博览会，有力助推了济南文化品牌建设。

山东半岛蓝色经济区规划实施以来，经济区坚持以"一区三带"建设为核心，致力于推进海洋高新技术产业的发展，形成了海洋高新技术产业集群。近年来，经济区以青岛蓝谷建设为核心，发挥青岛海洋科学与技术国家实验室等重大创新平台支撑引领作用，实施"透明海洋"工程，区域特色海洋优势产业得到大力发展，海洋科技核心竞争力不断提高，区域经

济建设成效显著。区域内海洋产业联盟已达7个，骨干企业200多家，上下游配套企业过千家。2016年，山东半岛蓝色经济区实现生产总值31386.5亿元，比上年增长7.8%；公共财政预算收入2846.5亿元，比上年增长9.2%。另外，青岛西海岸新区获批成为第9个国家级新区。2016年，青岛西海岸新区地区生产总值达到2871.1亿元，比上年增长12.3%；区级公共财政预算收入223.3亿元，比上年增长11.3%。

延伸阅读　山东半岛蓝色经济区"一区三带"发展格局

"一区"是指全面打造山东半岛蓝色经济区。

"三带"是指依托沿海滨州、东营、潍坊、烟台、威海、青岛、日照七市，优化涉海生产力布局，形成三个优势特色产业带：一是在黄河三角洲高效生态经济区（滨州、东营、潍坊、莱州等）规划建设区域，着力打造沿海高效生态产业带；二是在胶东半岛青岛、烟台、潍坊、威海着力打造沿海高端产业带；三是构建以日照精品钢基地为重点的鲁南临港产业带。

延伸阅读　西海岸新区

2014年6月3日，国务院批复同意设立青岛西海岸新区，这是中国第九个国家级新区。青岛西海岸新区位于山东省青岛市西岸，包括黄岛区全部行政区域，即青岛市原黄岛区和原胶南市全部行政区域，其中陆域面积2096平方公里、海域面积约5000平方公里，经济总量仅次于上海浦东新区和天津滨海新区。

西部经济隆起带在国家有关政策引领扶持下，积极促进产业升级、城市转型，加快建设经济文化融合发展新高地，经济发展势头良好，人民生活得到有效改善。聊城、菏泽两市纳入中原城市群发展规划，南四湖及周边采煤塌陷地生态修复治理列入国家试点项目，西部地区成为全国最大的新能源客车生产基地。近年来，区域内各地市深入实施《西部经济隆起带发展规划》，加快资源型城市转型步伐，积极促进产业结构升级。2016年，济宁市三次产业结构比例由2015年的11.3：47.3：41.4调整为11.2：45.3：43.5；枣庄市三次产业结构比例由2015年的7.6：52.7：39.7调整为7.6：51.2：41.2。同时，区域内立足于中华儒家文化传承创新区、中华运河文化传承创新核心区以及沂蒙红色文化区的旅游业也迅速发展，目前已基本形成了区域特色文化旅游路线，吸引了大批国内外游客。此外，西部经济隆起带有效地发挥邻边区位优势，区域内产业集群中心、商贸物流中心初具规模。

黄河三角洲高效生态经济区着力提高资源利用效率，加快高标准农田和重大水利工程建设，努力建设粮食生产功能区、重要农产品生产保护区、特色农产品优势区。区域内累计实施50个未利用地开发项目，建立了全国唯一的蔬菜分子育种平台，"渤海粮仓"科技示范工程面积突破25万亩。2016年，黄河三角洲农业高新技术产业示范区正式升级为国家级农高区，致力于成为促进农业科技进步和增强自主创新能力的重要载体，成为带动东部沿海地区农业经济结构调整和发展方式转变的强大引擎。经济区按照"四点、四区、一带"发展布局，有效推进四大临港产业区和北部沿海经济带建设。目前，区域内已形成了一批竞争能力较强的支柱产业、实力雄厚的骨干企业和市场占有率较高的知名品牌，为区域的经济发展提供了有效支持。2016年，该区域地区生产总值达9081.6亿元，比上年增长了7.3%。

延伸阅读 黄河三角洲高效生态经济区"四点、四区、一带"

"四点"是指东营、滨州、潍坊港和莱州港区。

"四区"是指东营、滨州、潍坊北部、莱州四大临港产业区。

"一带"是指以四个港口为支撑，以四大临港产业区为核心，以经济技术开发区、特色工业园区和高效生态农业示范区为节点，形成环渤海南岸经济集聚带。

◎ **区域发展协调互补**

"两区一圈一带"发展规划实施以来，全省产业结构不断优化升级，省内各区域产业发展相互补充、相互协调，区域经济协调发展成效明显。目前，山东半岛蓝色经济区和省会城市群经济圈现代农业、先进制造业、现代服务业优势进一步彰显，西部经济隆起地带和黄河三角洲高效生态经济区第二产业发展势头强劲，各区域地区生产总值保持平稳较快增长。

为充分利用济南、青岛的中心城市地位，有效发挥两个城市的要素聚集和科技创新服务功能，促进区域内中小城市的协同发展，提升山东半岛城市群融合度和竞争力，山东省加快"三横三纵"交通网络建设。截止到2016年，省内高速、铁路营业里程均超5300公里。"十三五"期间，全省还将再建济青、鲁南、郑济、京九、潍莱等5条高铁线路，以促进区域经济联动融合发展。

省委、省政府积极推进济南、淄博、潍坊、青岛、烟台、威海等6个高新区联合创建国家自主创新示范区，通过资源整合、共享，使6个高新区同步跨入国家自主创新示范区行列。这些自主创新示范区将以海洋产业发展为核心，做好产业规划布局，形成完善的产业链，实现协调发展。

> 🔍 **关键词**
>
> 　国家自主创新示范区：是指经国务院批准，在推进自主创新和高技术产业发展方面先行先试、探索经验、做出示范的区域。建设国家自主创新示范区对于进一步完善科技创新的体制机制，加快发展战略性新兴产业，推进创新驱动发展，加快转变经济发展方式等方面将发挥重要的引领、辐射、带动作用。

◎ **积极融入国家战略布局**

省委、省政府积极推进"两区一圈一带"战略规划与"一带一路"、京津冀协同发展、长江经济带等国家发展战略有效对接，致力于充分利用国家区域发展战略红利，实现更好更快发展。德州、聊城、滨州、东营4市列入国家《"十三五"时期京津冀国民经济和社会发展规划》，承接北京非首都功能疏解和京津产业转移，在产业承接、科技成果转化、农产品供

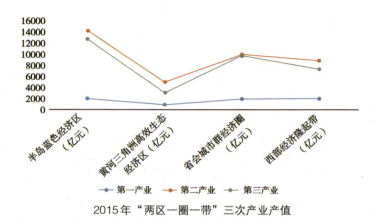

2015年"两区一圈一带"三次产业产值

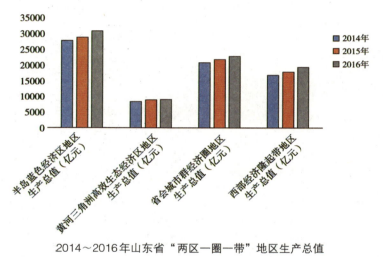

2014～2016年山东省"两区一圈一带"地区生产总值

2014～2016年山东省"两区一圈一带"地区生产总值增速

应等方面打造协同发展示范区，实现与京津冀地区的协作共赢。

延伸阅读 京津冀协同发展

> 2015年4月30日，中共中央政治局召开会议，审议通过《京津冀协同发展规划纲要》。纲要指出，推动京津冀协同发展是一个重大国家战略，核心是有序疏解北京非首都功能，要在京津冀交通一体化、生态环境保护、产业升级转移等重点领域率先取得突破。实现京津冀协同发展、创新驱动，推进区域发展体制机制创新，是面向未来打造新型首都经济圈、实现国家发展战略的需要，对于解决京津冀地区生态环境持续恶化、城镇体系发展失衡、区域与城乡发展差距不断扩大等突出问题具有重要意义。

德州被教育部确定为"蓝火计划"试点城市，并正努力争取设立中科院山东综合技术转化中心——德州中心；滨州魏桥集团正与中航工业集团合作，在航空航天、军工等领域不断创新；东营与中国农业大学、中国农科院、中国科学院先后合作组建了黄河三角洲现代农业研究院等一批科研基地；聊城则定期组织开展"京津大院大所对接会"，建立科研院所对接合作体系。这些工作的有效开展，为山东与京津冀地区有序推进科学技术交流合作提供了重要平台。

城乡一体，提质增速

城镇化是现代化的必由之路，是解决农业、农村、农民问题的重要途径，是促进城乡协调发展的必然要求。省委、省政府始终坚持以人为核心的新型城镇化发展道路，在农村新型社区和新农村发展规划指导之下，加速推进全省城乡一体化的进程。

◎ 农业、工业齐头并进

按照强工富农的发展思路，坚持"三个导向"，扎实推进千亿斤粮食产能建设，加快农业供给侧结构性改革，积极构建现代农业产业体系，促进农村三次产业融合发展，农业基础地位得到进一步巩固，农业现代化水平不断提高。2016年，全省粮食总产量为4700.7万吨，是历史上第二高产年；猪牛羊禽肉产量764.7万吨，比上年增长0.4%。在农业大发展的同时，全省工业生产也呈现出企稳向好的势头。省委、省政府出台了"1＋22"财税体制改革政策，大力推进重点行业转型升级，增强传统行业发展活力，培育壮大工业发展新动能，带动了全省工业生产稳步回升。2016年，全省规模以上工业增加值比上年增长6.8%，比全国平均增速快0.8个百分点。

2012～2016年山东省工、农业增加值及增速

大力发展特色县域经济是山东推进农业、工业齐发展的重要抓手。2014年6月省政府办公厅印发了《山东省县域经济科学发展试点方案》，确定将即墨市、寿光市等21个县作为试点单位，突出各自发展县域优势和特色，培育新的经济增长点，有效激发了全省县域经济的发展活力。

◎ 城市、乡村同步发展

以"百镇建设示范行动"为牵引，城镇化发展质量不断提高，城镇立体交通、停车服务、地下管网、雨污分流、智慧城市、住房保障、集中供热、大气治理、污水处理和垃圾处理等"十个系统"工程正在稳步推进之中。

　　总体规划、整体推进农村新型社区建设，推进教育、医疗、社保、就业服务和住房保障等城镇基本公共服务常住人口全覆盖；推动公共服务向农村延伸，加强乡村教师、乡村医生队伍建设；加快农村金融、邮政物流等公用事业的发展；努力改善村镇居住条件，农村改路、改电、改校、改房、改水、改厕、改暖等"七改"工程取得了显著成效；建设生态文明乡村，开展乡村文明行动，城乡环卫一体化实现了镇村全覆盖。

　　大力支持县城和重点镇发展成为新生中小城市，积极稳妥开展撤县设区（市）、乡镇合并、镇改街、村改居等行动。目前，全省城乡布局进一步优化，菏泽定陶、东营垦利、济南章丘顺利完成撤县设区规划；临沂兰山区义堂镇等国家新型城镇化综合试点和青岛平度等中小城市综合改革试点继续深入推进。

　　◎ 城乡居民生活明显改善

　　2015年年底，全省基本完成农村土地确权登记颁证工作，确认了农民对承包地的占有、使用、收益权利，让农民吃上了"定心丸"、种上了"放心田"，为进一步改善农民生活和缩小城乡收入差距提供了基本制度保障。

农村土地承包经营权确权登记颁证工作流程

2016年，全省城镇居民人均可支配收入为34012元，比上年增长7.8%，扣除价格因素影响，实际增长5.5%；农村居民人均可支配收入为13954元，比上年增长7.9%，扣除价格因素影响，实际增长6.0%，高于城镇居民收入实际增幅0.5个百分点。

伴随着"三个市民化"政策有效实施，全省人的城镇化工作稳步推进。2016年年末，全省常住人口约9946.64万人，比上年增加99.48万人；常住人口城镇化率达59.02%，比上年提升2.01个百分点；城乡居民生活条件不断得到改善，城镇、农村居民人均现住房面积分别达到37.5平方米和42.1平方米，居民生活质量明显提高。同时，全省城乡一体的社会保障体系不断健全，社会保险的转移接续政策进一步得到完善，参保缴费覆盖面不断地扩大，逐步建立了城乡一体的居民社会保险信息系统和城乡养老服务体系。

> **延伸阅读** 三个市民化
>
> 2016年9月印发的《中共山东省委办公厅、山东省人民政府办公厅关于加快推进农业转移人口市民化的实施意见》，提出山东省将通过积极推进外来务工人员市民化、稳步推进城中村城边村原有居民市民化和扎实推进农村就地转移就业人口市民化等举措进一步推进全省农业转移人口市民化进程。

陆海统筹，协调兼顾

在推进陆域协调发展的同时，致力于陆海经济统筹发展。早在20世纪90年代初，就在全国率先提出建设"海上山东"的发展战略。2011年，国务院以国函〔2011〕1号文件批复了《山东半岛蓝色经济区发展规划》，这使得山东半岛蓝色经济区建设上升为国家区域发展战略。近年来，省委、省政府制定并实施了一系列的重点区域发展战略，主动与国家发展战略接轨，在突出蓝色经济发展特色的同时，统筹陆海协调发展。

◎ **完善海洋经济体系**

巩固海洋优势产业。凭借得天独厚的自然条件，通过强化规划对接、政策协同、产业协作，海洋船舶及配套产业、现代海洋渔业、海洋化工产业等加快发展，产业规模越来越大，逐步形成了海洋产业集群。"十二五"以来，适应国际造船产业发展趋势，山东船舶工业努力探索创新研发模式，积极推动船舶、海工、游艇及其他配套产业转型升级，取得良好的效果；滨州海洋化工业集聚区、东营临海石油产业集聚区、莱州海洋新能源产业集聚区、海州湾临海重化工业集聚区等海洋化工、能源产业区建设顺利推进。2016年预计全省实现海洋生产总值1.3万亿元，比上年增长8.3%。"十三五"期间，将实施"海上粮仓"工程，继续优化发展现代海洋渔业。

2013～2016年山东省海洋渔业发展情况

着力打造海洋高新技术产业。省委、省政府高度重视海洋高新技术产业的发展，以重点领域为突破口，以尖端技术为支撑，加快海洋高新技术产业集群发展。2016年全省海洋新兴产业产值达3500亿元，比上年增长21.9%。荣成海洋高新技术产业园、董家口海洋高新科技产业集聚区等高新技术产业区发展迅速。2016年，荣成海洋高新技术产业园获批国家级园区；

蓬莱阁

青岛、烟台获批国家"十三五"海洋经济创新发展示范城市；潍坊海洋战略性新兴产业示范基地获批国家科技兴海产业示范基地。"十三五"期间，将继续在海洋药物、生物制品业、海洋新材料、海水利用业等几个领域共同发力，打造一批全国海洋高新技术产业基地。

积极发展海洋服务业。依托半岛区位优势，沿海、远洋运输发展迅速，临港物流园区、物流中心也在积极建设之中。2016年，沿海港口货物吞吐量14.3亿吨，比上年增长6.4%。2017年，董家口疏港铁路入选"十三五"港口集疏运系统建设项目库，疏港铁路的建成将为董家口港区和临港产业园区提供良好的运输服务。立足于深厚的海洋人文资源，加快提升海洋经济发展软实力，海洋文化产业、海洋体育产业、滨海旅游业等领域发展成效显著。"仙境海岸"旅游品牌、丁字湾海上新城、威海国际海洋商品交易中心等特色海洋服务业建设项目都在快速推进中。

延伸阅读 "仙境海岸"旅游品牌

　　"仙境海岸"旅游品牌，依托青岛、烟台、威海、日照等海滨旅游城市群，以提升蓬莱阁、刘公岛、崂山、好运角、大乳山旅游区的服务、管理、配套水平和新建长岛休闲度假岛、蓬莱旅游度假综合体、全真道教祖庭栖霞太虚宫、昆嵛山仙道文化旅游度假区、好运角祈福文化旅游区、崂山道宫、日照太阳城等重点项目为龙头，以"海上丝绸之路"、莱州东海神庙、栖霞古镇等项目为支撑，打造胶东渔家、岛上人家、森林人家、仙居、道饮、逍遥游、养生修学等产品品牌，其品牌建设目标是打造与澳大利亚黄金海岸、西班牙太阳海岸、地中海蓝色海岸相媲美的世界著名滨海度假旅游目的地品牌。

◎ 发展海洋科技

推进海洋高新技术发展。以建设"中国蓝谷"为核心，山东省坚持产学研相结合，有效整合省内海洋高新技术资源，激发全省海洋高新技术发展活力。2016年，省委、省政府出台了《关于加快山东半岛国家自主创新示范区建设发展的实施意见》，着力推进山东半岛国家自主创新示范区的建设。截止到2016年，青岛海洋高新区（中央活力区）内已建成各类国家级企业创新研发平台10个、省级研发技术平台7个、市级研发平台18个、院士及博士后工作站5个、863国家高技术研究发展计划成果产业化基地3个、国家海洋科学研究中心产业化示范基地1个、高新技术企业15家，科技成果转化形成产值高达80多亿元。由科技部和山东省、青岛市共同建设的青岛海洋科学与技术国家实验室，在科研方面不断取得重大突破。

开展海洋教育和海洋人才培养。省委、省政府高度重视海洋教育发展及海洋人才培养，支持在省内设立海洋院校及专业，加强海洋职业教育及其相关培训，支持高校与海洋企业开展广泛合作。从2013年起，青岛市作为全面实施海洋教育的领头羊，率先在义务教

山东大学青岛校区

育阶段的1~8年级全面普及蓝色海洋教育课程。2015年，海洋国家实验室启动了"鳌山人才"培养计划，加大培养、引进海洋科技人才力度。2016年，山东大学青岛校区正式启用，实力不俗的海洋研究院成为首批进驻青岛校区的科研机构之一，初步形成了有重要国际影响的海洋创新教育平台和人才培养基地。

◎ 规范海洋资源开发

优化海洋产业布局。为建设海洋强省，发展海洋经济，不断优化海洋产业布局。在考量资源环境承载能力、海洋产业基础和发展潜力的前提下，按照"一核、两极、三带"的总体空间布局，重点打造西海岸新区、蓝色硅谷"两大引擎"及青岛、烟台、威海、潍坊"四大基地"，以黄河三角洲高效生态海洋产业集聚区和鲁南临港产业集聚区为"两个增长极"，积极推进"五湾、五岛群"的科学开发，加快构筑在总体要求上方向一致、在空间配置上相互协调、在时序安排上科学有序的海洋资源开发格局。

建设海洋生态文明。在海洋开发中坚持绿色发展理念，坚持"人海和谐"的发展理念，积极推进海洋生态文明建设，实现海洋经济可持续发展。率先在全国启动省级海洋生态文明示范区的创建工作，威海市、日照市、长岛县、青岛市、烟台市先后获批国家级海洋生态文明示范区。2016年，烟台莱山、青岛胶州湾国家级海洋公园成功获批。坚持海洋资源可持续开发，"五湾"整治和"五岛群"开发保护稳步推进，省、市、县三级海洋环境监测网络逐步建立，海洋生态补偿和损害赔偿制度得到了进一步完善。

关键词

五湾：莱州湾、芝罘湾、威海湾、石岛湾和胶州湾

五岛群：庙岛群岛及烟台岛群、威海近岸岛群、青岛近岸岛群、日照近岸海岛、滨州近岸海岛

"四化"同步，协调互动

党的十八大提出，坚持走中国特色新型工业化、信息化、城镇化、农业现代化道路，促进"新四化"同步发展。山东省统筹推进"四化"进程，以此统领全省经济转型升级、融合发展。

◎ 工业化信息化深度融合

信息化是推动社会经济发展的重要力量，将信息化与工业化相结合是加快工业转型升级的重要措施之一，对于建设资源节约型和环境友好型社会具有重要意义。山东省委、省政府高度重视信息化和工业化融合发展，在全国率先颁布了与国家工信部评估规范框架相吻合的《信息化与工业化融合水平评价指标体系》省级地方标准。在该标准的指导之下，省内工业企业加快了"两化融合"发展的步伐，"两化融合"发展水平不断提高。2015年，全省工业企业"两化融合"发展水平平均得分为57.08（百分制），较2014年提高2.56分，较2013年提高9.93分。

作为加快"两化融合"的重头戏，山东省深入开展信息化和工业化深度融合专项行动，实施了两化融合"477"工程，并积极建设"好品山东"全省工业电子商务平台，大大促进了山东省品牌建设。在2016年"中国最具价值品牌500强"中，山东入选品牌42个，位列全国第三位。

◎ 工业化城镇化良性互动

工业化是现代化的核心内容，而城镇化是现代化的必由之路。推进城镇化是解决农业、农村、农民问题的重要途径，也是促进区域协调发展的有力支撑。山东省针对省内城镇化和工业化发展现状，围绕促进工业化和城镇化协调发展做出重要制度安排，实施了一系列重大工程，持续推动工业规模实力不断壮大，城镇建设快速推进，全省城镇常住人口率、工业增加值持续上升，工业化和城镇化都呈现出良好的发展势头。

立足省情实际，大力实施园区带动战略，把工业园区作为推动城镇化

2012～2016年山东省常住人口城市化率和工业增加值

和工业化的最佳结合点，使其发挥产业集群效应和规模效应，以特色骨干龙头企业带动，形成特色优势产业链和产业集群，吸纳就业人口，就地就近促进城镇化。烟台市高新技术开发区就以上海通用东岳基地为龙头企业，以汽车经济圈、工程机械产业圈为发展特色，用占全市1/60的土地，创造了全市1/6的GDP，总人口现已突破40万人，城镇化率已超过93%。

◎ 城镇化农业现代化协调发展

"三农"问题关系经济社会发展全局，农业现代化是解决"三农"问题的根本出路。省委、省政府深入贯彻中央的"三农"工作决策部署，坚持以工富农、以城带乡，在推进城镇化、工业化中实现农业现代化，在加快农业现代化中拓展城镇化的广阔空间。2016年，山东省实施了水资源综合利用、"海上粮仓"、生态保护与建设等重大涉农规划，出台了一系列农业提质增效转型升级方案，着力发展现代高效农业。

扎实推进千亿斤粮食产能、"渤海粮仓"建设，2016年完成水利建设总投资315亿元，高标准农田面积达到4000万亩左右。启动"百县千乡万村"试点示范工程，累计争取农村产业融合国家专项建设基金项目33个，带动社会投资70多亿元；农民专业合作社达到17.4万户，家庭农场达到4.8万户，规模以上农业龙头企业预计达到9400家，有效吸纳了农村人口就地向城镇化转移。2016年，农村土地承包经营权确权登记颁证工作基本完成，全省土地经营规模化率超过40%，1万多个村（社区）完成农村集体资产改革任务。稳步推进农业科学技术的创新发展，全省已拥有公益性农业科研机构61所，累计建成国家级科研平台109个、省级科研平台105个。积极构建各类农业科技园、农业高新技术产业开发区，全省规模以上生态循环农业基地已达到1000多万亩，创建国家级休闲农业与乡村旅游示范县14个，有效带动了当地就业及城镇化发展。

军民融合，深度发展

2015年，在十二届全国人大三次会议上，习近平总书记首次提出把军民融合发展上升为国家战略。发挥地域优势，坚持把军民融合深度发展贯穿于改革发展全过程，积极推进各领域军民深度融合深度发展，努力探索军民深度融合发展的新模式。

 关键词

军民融合：是指把国防和军队现代化建设深度融合到社会发展体系之中，与经济、科技、教育、人才有机结合，更高层次、更广范围、更深程度上把国防和军队现代化建设与国家经济社会发展结合起来。军民深度融合，能够盘活社会存量资产；促进创新，加快武器装备升级换代；解决原有军工厂资产的效率问题。

◎ **不断完善军民融合创新体系顶层设计**

将建设军民融合深度发展示范省列入"十三五"规划重要目标，进一步明确了融合的重点领域、目标，筹划了一批重点融合工程项目。2016年，省委、省政府、省军区联合出台《关于经济建设和国防建设融合发展的实施意见》，提出了9个方面的重点任务和5个方面的保障措施。编制了《山东省军民融合深度发展"十三五"规划》，制定了区域和专项融合发展规划。省第十一次党代会对加快建立军民融合创新体系，打造军民深度融合深度发展示范省做出重要安排部署，为有序推进全省军民融合发展工作奠定了坚实的基础。

◎ 多措并举促进融合发展局面加速形成

在产业融合方面，加快推进"军转民、民参军"，初步形成较为完整的军民融合产业体系，军民融合企业达350余家，2016年完成工业总产值3200多亿元。在科技协同创新方面，积极与中国航天科技集团等多家机构进行多领域多层次战略合作，先后制定实施了航空航天、核电装备等产业发展规划，省内部分企业为"神舟"飞船、"嫦娥"探月、"辽宁号"航空母舰提供配套支持。在基础设施贯彻国防需求方面，在实施重大基础建设项目中，充分统筹经济发展和国防要求，兼顾民用军需，全省5700多公里高速公路中国防公路为1823公里，14座军港中有10座具备军民两用条件，9个民航机场全部实现军民两用。在军事人才培养方面，依托省内高等教育资源，为部队培养了6000余名国防生，推荐地方大学生作为士官和义务兵应征入伍人数近6万人，军地联合培养研究生200多名。在军队保障社会化方面，军地合力推进饮食保障、物资器材油料等社会化采购和供应，积极推动驻鲁官兵医疗、专业安置、养老等基本公共服务均等化，不断探索支持国防和军队建设的新模式。

◎ 大力推进军民融合深度发展示范市（区）建设

以"辽宁号"航空母舰入住母港为契机，加强与军方和国家部委等有关方面的合作，共同建设青岛（古镇口）军民融合创新示范区，在体制机制、产业科技协同发展、基础设施共建共享、人才共培共用、军港保障社会化等方面大胆创新，初步形成了"军地共商、产业共荣、科技共兴、设施共建、后勤共保"的"青岛（古镇口）模式"。示范区已引进各类重大军民融合项目120余个，总投资已超1200亿元，有效促进了区域经济发展。在建设古镇口示范区基础上，山东省综合考虑全省各市经济、产业、地域等条件，在全国创新开展省级军民融合深度发展示范市（区）建设，设立了烟台、威海、临沂3个示范市，以及烟台经济技术开发区等5个示范区，试点示范引领成效显著。

延伸阅读 军民融合排头兵——古镇口军民融合创新示范区

地理位置： 位于青岛西海岸新区中心地带，占地25平方公里。

区位优势： 紧邻青岛西海岸新区滨海大道，与青岛各主要交通枢纽链接便利，陆海空交通方式均已发展成熟。

发展思路： 以实现三大战略定位为目标，以军民融合四大中心为突破口，建设五大百亿级产业平台，推进六方面创新示范；努力创建军地资源共享、产业融合发展、国防建设与经济发展互促共进的军民融合创新示范区，形成军民融合深度发展的"古镇口模式"。

战略定位： 军民融合发展创新高地、军队社会化保障示范区、海陆统筹的特色海军城。

五、绿水青山　大美齐鲁

　　党的十八大将生态文明建设提升到新的战略高度，与经济建设、政治建设、文化建设、社会建设一起，构成中国特色社会主义事业"五位一体"的总体布局，指出要"把生态文明建设放在突出地位，融入经济建设、政治建设、文化建设、社会建设各方面和全过程，努力建设美丽中国，实现中华民族永续发展"。2015年3月24日，中共中央政治局审议通过《关于加快推进生态文明建设的意见》，强调指出："生态文明建设事关实现'两个一百年'奋斗目标，事关中华民族永续发展，是建设美丽中国的必然要求"。在党的十八届五中全会上，习近平进一步提出贯彻创新、协调、绿色、开放、共享的发展理念。坚持绿色发展，实现人与自然和谐，是我们党关于新形势下推进生态文明建设规律性认识的最新成果，对于促进美丽中国建设和中华民族永续发展具有重要意义。

 关键词

绿色发展

　　在党的十八届五中全会上，绿色发展作为"五大发展理念"之一被着重提出，标志着绿色发展上升到党和国家发展战略的高度。绿色发展追求人与自然和谐共生，在生产生活方式上强调绿色、低碳、循环，是突破长期以来我国经济社会发展面临的资源环境瓶颈制约的必然要求，也是建设美丽中国，实现我国可持续发展的必然选择。

泉城广场

美丽山东，生态强省

　　作为全国经济文化大省，美丽山东建设无疑是美丽中国建设的重要组成部分。省委、省政府坚定不移地贯彻落实党中央、国务院关于加快推进生态文明建设的一系列战略部署，大力加强生态山东建设，认真践行绿色发展新理念，把环境保护工作摆在突出位置，扎实做好污染防治、节能减排等各项工作，生态环境保护工作取得积极进展，美丽山东建设迈上新台阶。

◎ 生态文明建设取得新成就

　　2017年6月1日，省环保厅发布了《2016年山东省环境状况公报》。公报指出，2016年，经过全省上下努力，全省重点流域治污成果得到巩固提升，大气污染防治全面推进，土壤固体废物污染防治和生态保护得到加强，核与辐射安全及环境风险防控得到有效保障，生态文明体制机制改革迈出重要步伐，以环境保护倒逼供给侧结构性改革稳步实施，环境执法监管力度明显加大，各项环境保障措施落实有力，环保队伍整体水平进一步提升。以生态和农村环境保护为例，截至2016年年底，全省共建成各类自然保护区总面积达101.2万公顷，建成省级重点生态功能保护区面积达46.2万公顷。建成国家级生态市（区）7个、生态乡镇560个、生态村6个、生态工业示范园区6个，省级生态市1个、生态县（市、区）23个、生态镇592个、生态村580个。

崂山生态景区

◎ 重点领域治理取得新突破

能够呼吸上清洁的空气，喝上干净的水，保持零污染的土壤，成为近年来人民群众的强烈呼声，也反映出生态环境质量已经成为人们评价生活幸福的重要指标之一。党的十八大以来，我国先后出台"水十条""土十条""大气十条"，下定决心要重点打好大气、水、土壤污染防治三大战役。山东省委、省政府坚决贯彻执行党中央关于打好大气、水、土壤污染防治三大战役的指示精神，在大气、水、土壤三大重点领域的治理中实现一系列新突破，天蓝、地绿、水清的美丽新山东建设取得新的阶段性成果。2016年，PM2.5、PM10、SO_2、NO_2平均浓度与2014年同比分别下降13.2%、8.4%、22.2%、7.3%，空气质量优良天数比例同比增加8.4%，达到56.9%；省控重点河流COD和氨氮平均浓度分别同比改善2.7%和10.8%，52个地表水考核断面的水质达到或优于Ⅲ类，水质优良比例达到62.7%；劣五类断面数量同比下降59.1%，淮河流域率先全部消除劣五类水体。印发了《山东省土壤污染防治工作方案》，全国重金属污染防治考核获优秀等次。

◎ "十三五"生态山东建设规划新目标

从2016年起到2020年，是全面建成小康社会的决胜阶段，也是实现山东省由大到强、由富到美战略性转变的关键时期。2017年4月，山东省印发并正式公布了《山东省生态环境保护"十三五"规划》。规划提出，到2020年，山东要实现三大目标：一是环境质量明显改善。山东省控重点河流基本达到地表水环境功能区划要求；环境空气质量比2013年改善50%左右；土壤环境质量总体保持稳定；生态破坏得到遏制，退化湿地修复取得积极进展。二是环境

济南小清河沿岸

安全得到基本保障。河流、湖泊、滩涂等底泥重金属污染、化工企业聚集区及周边地下水污染、农村饮用水源保护、城镇饮用水源管理等突出问题得到基本控制，危险废物得到安全处置，核与辐射环境应急保障能力显著提升。三是环保服务能力增强。到2020年，环境保护作为经济社会转变发展方式的观测点、倒逼传统行业转型升级的着力点、激发环保市场释放发展红利的增长点作用明显增强；生态文明建设的监测与考核体系更加科学，环境保护对传统行业倒逼引导与环境监管体系更加完善，环境经济政策体系更加健全，环保市场潜力得到更加充分的释放。《山东省生态环境保护"十三五"规划》为山东省生态文明建设设定新要求、规划新目标，无疑将会进一步加快美丽山东建设步伐。

| 深度解读 |

生态山东建设

为加快转变经济发展方式，全面提升生态文明水平，2013年2月，山东省委、省政府发布关于建设生态山东的决定。该决定主要包括13个大的方面，即：一、生态省建设取得显著成就；二、建设生态山东的重大意义；三、建设生态山东的总体要求和奋斗目标；四、优化布局调整结构，加快转变发展方式；五、发展生态经济，最大限度降低资源和能源消耗；六、加强污染防治，着力解决突出环境问题；七、保护生态环境，加快构建生态安全屏障；八、健全法规制度，加强生态山东建设的法治保障；九、完善经济政策，优化资源环境要素配置；十、加强科技创新，有效突破生态山东建设瓶颈；十一、加强行政监管，提高资源环境保护水平；十二、繁荣生态文化，强化全社会的生态文明观念；十三、加强生态山东建设的组织领导。决定认为，建设生态山东是一项功在当代、惠及子孙的宏伟事业。号召山东省各级各部门和广大干部群众要凝心聚力、开拓创新，为齐鲁大地天更蓝、地更绿、水更清，早日实现生态山东的美好蓝图而努力奋斗。

经济生态，相得益彰

党的十八大以来，习近平总书记多次形象地把经济发展和环境保护形容为"两座山"，深刻阐释了两者之间的内在辩证关系："我们既要绿水青山，也要金山银山。宁要绿水青山，不要金山银山，而且绿水青山就是金山银山。我们绝不能以牺牲生态环境为代价换取经济的一时发展"；"绿水青山可带来金山银山，但金山银山却买不到绿水青山。绿水青山与金山银山既会产生矛盾，又可辩证统一。……在选择之中，找准方向，创造条件，让绿水青山源源不断地带来金山银山"。在党的十八届五中全会上，习近平总书记强调指出："实现'十三五'时期发展目标，破解发展难题，厚植发展优势，必须牢固树立并切实贯彻创新、协调、绿色、开放、共享的发展理念。这是关系我国发展全局的一场深刻变革。"由此，绿色发展成为一个

绿水青山就是金山银山

必须高度重视、大力践行的基本理念。

山东省按照习近平总书记"绿水青山就是金山银山"的指示精神，牢固树立保护生态环境就是保护生产力、改善生态环境就是发展生产力等新观念，加快传统产业绿色化改造，自觉推动绿色发展、低碳发展、循环发展，促进经济发展和生态文明相得益彰，生态优美和经济增长"双赢"局面逐渐形成。

◎ 传统产业绿色化改造力度显著加大

把绿色化作为实施创新驱动发展战略、经济转型发展的重要基点，加大纺织、冶金、轻工、建材等行业兼并重组和技术改造力度，提高清洁生产和污染治理水平，推动传统优势产业转型升级，提升产业层次和核心竞争力。"三去一降一补"中的去产能取得明显进展，2016年，全省共完成270万吨生铁、270万吨粗钢去产能任务。淘汰煤炭产能1960万吨，完成年度计划的120.6%。地炼企业拆除落后生产设施1940万吨。许多地方政府也在积极行动，主动作为，如青岛市环保局黄岛分局根据《青岛市化工企业环保评级工作实施方案》，研究制定了黄岛区化工企业环保评级具体工作方案，以评级力促化工企业转型。截止到2017年4月，青岛市环保局黄岛分局已顺利完成了对全区113家化工企业的环境保护评级工作。共有26家企业评分为"优"，68家企业评分为"中"；11家企业评分为"差"；8家企业因停产未进行打分。共发现问题596个，目前已经整改121个。

◎ 循环经济发展取得明显成效

循环经济是在可持续发展的思想指导下，以资源的高效利用和循环利用为核心，以"减量化、再利用、资源化"为原则的经济发展模式，其特征是低开采，高利用，低排放。发展循环经济对于山东是补瓶颈的重要内容，全省突出重点领域和重点行业的循环经济发展，着力推进产业循环式组合，促进生产和生活系统的循环链接，逐步构建起循环型工业、农业、服务业体系。"十二五"期间，全省万元GDP能耗累计下降19.8%，超过2.8个百分点完成国家下达的节能目标任务，工业固体废弃物综合利用率达到85.3%，农作物秸秆综合利用率达到85%，主要再生资源回收利用率达

延伸阅读 山东凯盛打造绿色氯化产业链

在山东凯盛新材料股份有限公司，二氧化硫废气都被回收利用当作了原料。正是二氧化硫分离及回收利用的核心技术，串联上下游产品，使凯盛公司不但有效解决了氯化亚砜使用中的环境问题，而且开创了二氧化硫综合治理回用之路。截至2016年年底，公司已申请专利182项，已授权专利43项，其中环保方面的专利12项。同时，公司还起草了"工业用对苯二甲酰氯""工业用间苯二甲酰氯"等行业标准。经过近10年的技术攻关和实验，凯盛公司最终开发出一项关键技术，经过精制分离后的氯化氢，可以满足下游盐酸及相关产品应用，二氧化硫纯度达99.5%，能满足氯化亚砜原料的使用要求，且总体回收效率达95%以上。废气回收综合利用核心技术，不但解决了行业痛点，而且形成了以氯化亚砜为核心的循环产业链，有效降低了下游精细化学品和新材料的制造成本，既为客户创造了价值，又减轻了环境负担。2016年，凯盛公司通过该工艺回收二氧化硫3600吨，直接经济效益540万元。

到65%，万元工业增加值用水量达到11.4立方米，农田灌溉水有效利用系数达到0.6304，清洁生产审核企业达到5000多家。

◎ 大力开展清洁生产

清洁生产将产生的副产品资源化、减量化和无害化，或者在生产过程之中使之消除。从而尽可能将对环境的影响减少到最低。在钢铁、水泥、化工、石化、有色金属冶炼等重点行业实施清洁生产审核，创建了一批清洁生产示范企业。比如，青岛市的青特集团有限公司、青岛凤凰印染有限公司已经分别成为机械行业和印染行业大力开展清洁生产的领头企业。青岛凤凰印染有限公司清洁生产水平在蜡染行业内处于领先地位，生产过程中皂化蜡（松香）平均回收率达99%，实现了资源高效利用，并使排放废水中COD降低90%以上，该技术已获得国家专利。青特集团有限公司采用了目前国内外最先进的静压造型线及先进的砂处理装备，通过清洁生产技术工艺装备创新，年取得经济效益2560万元，节约标准煤1136吨、水6万吨，年减排废渣312吨，在机械铸造行业具有良好的示范作用及推广意义。

◎ 积极推动低碳发展

低碳产业是以低能耗低污染为基础的产业。在全球气候变化背景下，"高能耗、高污染"的经济发展模式越来越难以为继，走低碳产业发展道路成为人类经济社会发展的必然选择，也越来越产生出巨大的经济、环境和社会效益。党的十八大以来，山东积极推进低碳城市、低碳园区、低碳企业、低碳社区、低碳港口建设。积极发展碳资产、碳基金等新兴业务，开展碳排放权交易试点。实行重点企业温室气体排放报告制度。强化碳汇能力建设，继续增强森林碳汇，注重提升绿地、湿地、农地等固碳水平。

生态建设，保障有力

生态文明建设是一项复杂的系统工程，涉及经济社会的方方面面，需要多方力量共同构建起一个强有力的综合保障体系作为支撑。为了使"生态山东""美丽山东"从蓝图尽快变为现实，从政策、科技、资金、人才等方面加大了对生态文明建设的支持力度。

◎ 强化组织领导

在强化组织领导以完善政策保障上，注重建设和完善各地区、各部门之间协同、联动工作机制。如为了解决山东省虽然纵向对比空气质量连年持续改善，但横向与京津冀等周边地区相比改善幅度却明显落后的不利局面，2015年11月22日，省会城市群大气污染联防联控机制正式启动。省委、省政府要求省会城市群各市要凝聚联防联控的共识，完善联席会议制度，真正拿出切实可行的对策措施。省会城市群7市市长签订了《省会城市群大气污染联防联控协议书》，按照"定期会商、责任共担、联动执法、共防共治"的思路，7市将健全完善协同治污、联合执法、应急联动工作机制，并且进一步明确了联防联控目标，细化了时间

延伸阅读 省会城市群大气污染联防联控机制

2015年11月22日，济南、淄博、泰安、莱芜、德州、聊城、滨州省会城市群7市市长齐聚已被雾霾侵害了多日的济南，共同签下了《省会城市群大气污染联防联控协议书》，这标志着山东省会城市群大气污染联防联控机制正式启动。早在2014年5月22日，济南、淄博、泰安、莱芜、德州、聊城、滨州7市环保局负责人，就在省环保厅共同签订了《省会城市群行政边界地区环境执法联动协议》。根据协议要求，各市以促进行政边界地区环境质量持续改善为目标，加强团结协作，共同打击环境违法行为，合力推进环境污染防治，协同做好边界地区重污染天气应急预防、处置，并建立健全边界地区环境监测网络。

表和路线图。

◎ 强化环保科技支撑

围绕有效解决制约经济社会可持续发展的重大环境瓶颈问题，着力推动关键性环保科技的创新性突破。近年来，加强创新体系建设，注重科技攻关，强化环保科技支撑，逐渐走出一条绿色化与各领域新兴技术深度融合的可持续发展之路。如实施重点生态环保科技专项，研发生态环境监测预警、生物多样性保护、生态修复、生态廊道构建、生态保护红线评估管理等关键技术；针对大气、水、土壤等问题，形成源头预防、末端治理和生态环境修复的成套技术，形成具有自主知识产权的核心技术和主导产品等。

◎ 健全生态补偿机制

逐年加大环保领域的财政资金投入，加大对水、大气、土壤、重金属污染防治和对森林、湿地、自然保护区等生态保护与建设等专项资金支持力度。在2016年的省级一般公共预算主要支出中，节能环保支出7.2亿元，完成预算的217.5%，增长78.7%。2017年省级一般公共预算上，山东省安排节能减排和生态保护资金47.73亿元（含排污费3亿元）。此外，在生态

延伸阅读　山东生态补偿撬动环境治理

自2014年实施环境空气质量生态补偿制度以来，山东省充分发挥公共财政资金的引导作用，以此撬动环境质量改善方面的投入。据统计，2014～2015年，省级财政共发放生态补偿资金3.4亿元，部分市向省级财政缴纳2300余万元。2016年前三季度，向各市发放生态补偿资金1.28亿元，部分市累计上缴885万元。如今，在山东，生态补偿领域进一步扩展，从省级环境空气质量生态补偿扩展到17市，并全部出台本市领域的生态补偿机制，甚至有的区县也专门出台县级补偿机制；生态补偿的范围也从单一的大气环境扩展至水环境、自然保护区等领域。兑付及时的"真金白银"，每一季度公布的排名，让各级地方党委、政府和环保部门既有动力，又备感压力。

补偿方面，建立健全生态补偿机制，加大了对重点生态功能区的转移支付力度，对生态敏感或脆弱地区贫困人口的补偿力度，并积极探索资金、政策、产业及技术等多元互补方式。

◎ 打造风清气正的环保铁军

环境保护工作愈深入推进，对环保人才队伍建设要求愈高。结合山东环保人才队伍现状，贯彻落实中共中央和环境保护部关于加强基层环保人才队伍建设的意见要求，提出重点加强环保法律专业人才队伍、环保监测技术人才队伍、环保宣传队伍、环评师队伍等人才队伍的建设。坚持"培训与比武、学习与实践"相结合，制定出全省环保工作培训纲要，加大培训工作力度，持续提升全省环保队伍职业素养和履职能力，逐渐打造出一支风清气正的环保铁军。

环境保护，严字当头

建设生态文明是一场涉及面既广又深的革命性变革，打好生态文明建设攻坚战，必须实行最严格的生态环境保护制度。对此，习近平总书记多次强调指出："深化生态文明体制改革，关键是要发挥制度的引导、规制、激励、约束等功能，规范各类开发、利用、保护行为，让保护者受益、让损害者受罚。"党的十八大以来，山东省充分发挥制度和法治的有力作用，严字当头，生态环境保护取得明显成效。

◎ 以严肃约谈和严格问责确保履职尽责

近年来，各地相继出台严肃约谈和严格问责的相关文件，通过严肃约谈和严格问责的落实，对未履行环境保护职责或履行职责不到位的相关部门有关负责人，能够形成强有力的促进作用，并切实推进生态环境保护领域存在问题的整改到位。2015年省环境保护厅对9个省控重点河流超标断面实施了挂牌督办，对5市16个县（市、区）政府负责同志实施了约谈。对地方政府相关部门的严肃约谈和严格问责产生了良好效果，在国家组织的2015年度重点流域水污染防治专项规划实施情况考核中，山东省分别获得淮河流域、海河流域第一名的优异成绩，从而实现了淮河、海河考核的"八连冠"和"六连冠"。

延伸阅读 具体到事　细化到人

　　打好蓝天保卫战，济南在行动，这仅仅是一个缩影。为打好治霾战役，济南市成立了书记、市长分别为总指挥和常务副总指挥的大气污染防治工作指挥部，进一步明确和细化了各级党委、政府和有关部门环保工作职责，并将实施问责的情形和标准细化为14类，层层压实责任，传导压力。因为历城区港九路南段扬尘污染治理不力，港沟街道办事处环卫所某负责人被区纪委诫勉谈话。2016年年底，济南出台《济南市大气污染治理问责办法》，以严肃问责保障履职尽责、严格监管，确保大气污染治理目标任务落实到位。2017年以来，因环保工作不力，济南市约谈市直单位、区政府和相关办事处7次，同时，市纪委组织相关县区纪委对6起大气污染防治不力问题，依纪依规进行了问责。济南还将大气污染治理工作考核结果，作为科学发展观考核和领导班子、领导干部综合考评的重要依据。

◎ 以严格督查和严密监管确保环境守法

　　严格的环境督查和严密的环境监管是确保环境守法、守好环境保护底线的重要路径。党的十八大以来，对于环境督查和环境监管工作的定位、思路和职责越来越清晰，对于推动环保工作主体责任落实方越来越重视，通过部门区域联动、相关技术创新、改善环境督查和环境监管形式等措施，在严格监管执法上下足功夫，在督查压力传导上下足功夫，全力推进环境守法形成新常态。按照国家部署，省委、省政府于2016年年底开始启动省级环保督察试点工作，并及时出台《山东省环境保护督察方案（试行）》办法。自2017年3月22日起，省级环保督察组陆续进驻济宁、菏泽、泰安、潍坊、东营、日照、滨州、淄博、莱芜、聊城共10个市开展环保督察。短短一个月的时间内，各督察组共受理环境信访举报案件3534件，被督察市已办结2332件。其中，责令整改1906家，关停取缔195家；立案侦查45件，拘留52人；立案处罚506家，处罚金额2870万元。

延伸阅读 山东省逐步形成卓有成效的监测数据打假体系

近年来，山东省通过积累经验，探索创新，逐步形成了一套卓有成效的监测数据打假体系。在技术方面，全面推广污染源自动监测设备动态管控系统，实现自动监测设备监测数据、运行状态和工作参数"三同时"监控，切断了污染源自动监测数据造假主要途径，监测设备异常自动报警，做到了以"技术创新"反制"技术造假"。在监管方面，根据数据监控、对比分析，与周边排污单位关联，以及信访举报等途径，确定重点检查名单，采取不打招呼不通知、直奔现场、直接排查、直取证据一竿子插到底的独立调查形式。调查时，大都选择半夜或凌晨时段进行突击检查，有时一次不能查实的要反复检查多次，有时也会趁第一次检查后企业放松之机，进行"回马枪"式检查。通过实践，总结出了"快、准、细、狠"四字检查要诀，极大地压缩了监测数据弄虚作假的空间。

◎ 以严厉打击和严格惩处震慑环境违法

为了有效震慑环境违法犯罪活动，始终保持对环境违法犯罪活动"零容忍"，坚持主动出击，取得良好成效。一方面，构建了省市县三级专业化的打击体系。目前，全省17个市公安局全部组建食品药品与环境犯罪侦查支队。另一方面，实现了公安环保合力打击的联合机制。2013年5月10日，省公安厅、环保厅联合印发《全省公安环保联勤联动执法工作机制实施意见》，推动环境行政执法与刑事司法的有效衔接，实现安保机制与环保机制的有机结合，有力推动了"美丽山东"建设。2016年，共处罚环境违法案件8905件，罚款5.9亿元，移送涉嫌环境污染犯罪案件166件；全省公安机关办理污染环境刑事案件立案671起，抓获犯罪嫌疑人1016人，办理治安案件620起，行政拘留692人。对环境违法行为持执法高压态势，"严打"环境违法现象的良好局面逐步形成，维护环境安全的底线得到有力保障。

| 深度解读 |

"两高"环保司法解释

2013年6月18日，最高人民法院、最高人民检察院发布《关于办理环境污染刑事案件适用法律若干问题的解释》，于2013年6月19日正式实施。与2006年的司法解释相比，新司法解释对环境污染犯罪的很多标准都有所降低，最大亮点在于首次界定了14项"严重污染环境"的范围和认定标准，即私设暗管或者利用渗井、坑道等排放、倾倒、处置有放射性的废物、含传染病病原体的废物、有毒物质、危险物质、含重金属、持久性有机污染物等，均构成严重污染环境罪。解释明确规定：严重污染环境的，处3年以下有期徒刑或者拘役，并处或者单处罚金；后果特别严重的，处3年以上7年以下有期徒刑，并处罚金。

环境治理，全面提升

针对长期以来我国环境治理遭遇到的"政府失灵"和"市场失灵"等深层次矛盾和问题，结合环境治理存在政府、市场、企业、个人等多元利益主体的特点，山东省坚持全面深化改革，加快体制机制创新能力建设，健全环境治理责任体系和环境治理市场机制，充分发挥市场决定性作用，更好发挥政府作用，逐步实现政府、企业、公众多元共治，着力提升环境治理能力水平，极大地提高了环境治理体系和环境治理能力的现代化建设水平。

◎ 加强环境治理体系建设

为了加快建构高效的环境治理体系，充分发挥政府、市场、企业和公众等多元治理主体的应有作用。在政府方面，严格落实《山东省党政领导干部生态环境损害责任追究实施细则（试行）》，按职责开展监督管理，并健全覆盖全省的环境监管网格体系，建立完善"定责、履责、问责"的责任体系和奖惩机制。在市场方面，充分发挥市场在资源配置中的决定性作用，建立健全排污权、碳排放权、用能权初始分配制度和交易市场，建立完善山东省绿色金融体系等。在企业方面，建立企业环境信用等级评价和违法排污黑名单制度，建立覆盖所有固定污染源的企业排放许可制度等，比如，明确要求，在2017年年底前，完成重点行业及产能过剩行业企业许可证核发，到2020年，基本完成排污许可管理名录规定行业企业的许可证核发。在公众方面，建立公众参与环境管理决策的有效渠道和合理机制，鼓励公众对政府环保工作、企业排污行为进行监督；建立健全公众投诉、信访、舆情和环保执法联动机制等。

延伸阅读 济南市颁发第一张排污许可证

2017年4月1日，济南市环保局向华能济南黄台发电有限公司颁发了排污许可证。这是按照国家排污许可管理的有关要求，山东省首家取得全国统一编码排污许可证的企业。济南市环保局表示，环保部门对企事业单位排污行为的监管执法将逐步统一到排污许可证执行上，重点聚焦企事业单位许可证执行情况，核实企事业单位排放数据和执行报告的真实性，严厉打击无证排污和不按证排污的违法行为。通过排污许可证，既明确了企业的守法要求，也划定了环保部门的执法边界，给企业明确稳定的污染排放管控要求和预期，推动形成公平规范的执法守法秩序。

◎ 提升环境治理能力建设

环境治理能力的强弱，直接影响着环境治理现代化水平的高低。近年来，采取多种措施，加强环境治理能力建设，环境治理能力得到进一步提升。首先，通过加强理论、业务、政策学习，着力提高环境监管队伍的职业化水平。党的十八大以来，环保部门持续开展岗位职业培训，不断拓展干部职工学习实践的深度和广度，计划到2020年，基本实现各级环境监管人员资格培训及持证上岗全覆盖。其次，通过提升环境监管装备能力水平，推动监管能力建设达标并向现代化迈进。近年来，重点加强生态遥感、预警应急等监测能力的提升，强化了卫星遥感、无人机、暗管探测仪等现代化执法手段的运用，环境监管能力有了质的飞跃。再次，通过提高智慧环境管理技术水平，加强生态环境大数据建设。依托信息时代和网络时代这一有利的时代背景，近年来，加快生态环境大数据平台建设，并逐步建立起数量众多的信息公开和共享平台，初步建立起环保数据共享与产品服务业务体系。

延伸阅读 *"天眼"助力淄博市环境治理*

　　2017年2月，淄博市被环境保护部推选为2016年度全国环境治理项目推进快、环境质量改善成效明显的4个市之一。淄博市在环境治理方面运用了被称之为"天眼"的无人机助力环境监管，让违法企业无处遁形。目前，使用无人机已经成为淄博环境监管执法的新常态。淄博市是一座独具特色的组群式城市，各区县城区间相距20公里左右，地域广阔，地形复杂，城乡交错。作为典型的老工业城市，大小企业星罗棋布、数量众多，一些企业违法排污越来越隐蔽，给环境执法增加了难度。为强化监管，淄博市环保局调查取证手段也与时俱进，借助无人机监察就是其中一种。在夜晚光线条件非常差的环境下，无人机可启用热成像设备观察工厂开工及污染物排放等情况，还可以对人员和设备难以到达的区域进行检测，实现了全天候、全方位监察。

六、精准施策　共享小康

实现好、维护好、发展好最广大人民根本利益是发展的根本目的，必须坚持以人民为中心的发展思想，坚持人民主体地位，切实保障和改善民生，让人民群众在发展中更加富裕，拥有更多获得感、幸福感。山东省委、省政府矢志不移将民生改善作为最真切、最生动、最温暖的诠释，按照人人参与、人人尽力、人人享有的要求，织密扎牢民生保障网，提升公共服务水平，使改革发展成果更多更公平惠及全省人民。

全面建成小康社会，最艰巨最繁重的任务在农村和贫苦地区。没有农村的小康，特别是没有贫困地区的小康，就没有全面建成小康社会。山东省创新扶贫思路，拓展扶贫路径，促进扶贫资源精准使用，用"绣花"功夫做好精准脱贫工作。

脱贫攻坚，志在必得

2015年12月，召开扶贫开发工作会议，对脱贫攻坚做出全面部署，印发了《坚决打赢脱贫攻坚战的意见》。《山东省"十三五"脱贫攻坚规划》研究提出确保到2018年242.4万建档立卡农村贫困人口全部脱贫、"十二五"期间剩余的4435个省定扶贫工作重点村全部摘帽、"十三五"期间确定2000个贫困人口最多的村作为重点攻坚对象按时脱贫的总体目标。

◎ "第一书记"帮扶精准脱贫

从2012年3月开始，省直单位分批派选"第一书记"帮包贫困村，持续深化以党建促脱贫攻坚工作。2012年至2015年，省直171个单位共分3批选派了1483名"第一书记"帮包584个贫困村。2015年8月，启动第二轮"第一书记"帮扶工作，实现了帮扶措施全覆盖、推进机制全覆盖、组织领导全覆盖。2017年初，选派第三轮"第一书记"到贫困村抓党建促脱贫攻坚，从210家省直单位和部分中央驻鲁单位选派了612名"第一书记"，安排在7个市的28个县（市、区），重点向脱贫任务较重的县倾斜，向自然条件最差、贫困程度最深的村集中。

东营市围绕发挥村级班子的战斗堡垒作用，发挥党员的先锋模范作用，将抓党建作为"第一书记"的首要任务，着力推进村级党组织建设"三抓三提升"，为脱贫攻坚提供坚强组织保障。帮扶组通过优化配置资金、技术、人力等要素，探索形成了以特色产业脱贫为主，以资产收益脱贫、劳动技能培训脱贫、区域带动脱贫等形式为辅的"1＋X"脱贫模式，把政策措施扶到点上、扶到根上，不让一个贫困户、一个困难群众落伍掉队。

◎ 探索金融扶贫新模式

山东金融精准扶贫工作稳步进展，2016年至2017年3月，全省人民银行系统累计发放扶贫再贷款40亿元、支农再贷款179亿元，引导撬动金融机构发放扶贫贷款562亿元，惠及41万贫困人口。金融机构"一户一策、一企一案"对接贫困户和扶贫主体融资需求，累计授信312亿元。创新推出信保扶贫贷等扶贫信贷新产品、新模式30余种，累放发放各类产业扶贫贷款188亿元。成功发行全国首单"扶贫社会效应债券"，支持贫困地区企业通过债务融资工具、上市等直接融资499.7亿元，实现政策性农业保险全省各县（市、区）全覆盖。实现农村地区支付基础设施全省行政村全覆盖、支付系统所有乡镇全覆盖，17个地市全部建成地方农村征信数据库，全省建成农村金融消费维权联络点9453个。

党的十八大以来，已完成对55个省级扶贫开发重点县单独安排信贷

"大棚贷"支持
特色农业发展

计划的工作。中国农业银行山东省分行探索创新金融扶贫模式，围绕贫困地区特色农业产业发展，因地制宜创新推出"牡丹贷""苹果贷""大棚贷""阿胶贷"等特色产品，支持特色产业发展，带动贫困户脱贫。同时，农行山东分行运利用"云农场"、农村淘宝、施可丰等互联网综合服务平台，开展线上线下融合的金融服务，让更多贫困农户搭上"互联网＋扶贫"的快车。

金融扶贫，精准"滴灌"到户。2017年，省农信联社指导全省48个革命老区辖内农商银行加大对革命老区脱贫攻坚的金融支持。截至2017年5月，向48个革命老区县（市、区）发放贫困户贷款余额14.83亿元，支持贫困户2.14万户，支持贫困人口6.89万人；向吸收建档立卡贫困户就业的经营主体发放贷款余额40.02亿元，吸纳带动就业创业贫困户3.55万户，吸纳带动贫困人口7.33万人；其中有37家农商银行为当地金融扶贫责任银行。

◎ 多方举措培强扶贫产业项目

产业扶贫是扶贫攻坚的重点措施。立足各地特色产业，用活扶贫资金，把贫困户纳入产业链，提升造血能力。为了摆脱以往"救济式扶贫"越扶越贫的怪圈，告别"撒芝麻盐""大水漫灌"等粗放方式，在贫困村发展乡村旅游、休闲农业、蔬菜大棚等特色产业，提升贫困地区自我造血能力，发展产业扶贫，促进可持续发展。

潍坊市利用项目帮扶，大力推动贫困村农业园区建设，整合了生态循环农业示范项目、耕地质量提升等扶贫项目资金1300多万元，并积极实施"金果"工程，推进贫困村果品产业发展。2017年，整合财政资金80万元资金，支持建设了8处水果精准扶贫示范园，惠及贫困户81户、贫困人口142人。2017年4月，山东省首家股份制产业扶贫合作社——益农果品种植扶贫专业合作社在荣成揭牌。合作社依托荣成当地3000亩种植规模的大型农业现代化龙头企业——华峰果品有限公司，吸引周边8个村、78户贫困户共同组建，积极探索通过财政资金引导、社会资本参与，建立"农业企业＋合作社＋贫困户"三方产业扶贫模式，实现了财政资金扶贫效益的最大化。

养殖扶贫基地

菏泽市牡丹区黄堽镇孔庄村采取"龙头＋合作社＋基地＋农户"扶贫模式，争取财政扶持资金800余万元，建设冬暖式蔬菜大棚60座，占地200亩，切实拓宽贫困群众增收渠道，增强贫困村脱贫"摘帽"能力。商河县结合农村经济发展特点、产业特色和资源禀赋，积极构建"一镇一业""一村一品"产业布局，利用产业发展专项扶贫资金逐步打造养殖、大棚菜、林果、大蒜、旅游、光伏、群众性加工业七大产业板块，以主导产业的形成和集聚，推动农村经济整体水平提升与长效脱贫的"双赢"。平原县依托龙头企业、合作社、家庭农场等新型经营主体，引入现代农业生产和经营方式，先后实施了7个"车间式"新兴高效产业扶贫项目。2016年，平原县统筹使用财政专项扶贫资金3911万元，实施扶贫产业项目129个，全年实现扶贫收益470万元，6084个贫困户、13237名贫困人口受益，其中2078名省定贫困人口、7163名市定贫困人口实现脱贫。

◎ 大力推进扶贫协作

地市建立结对关系，开展3年期省内协作扶贫。在扎实做好东西部扶贫协作和对口支援的同时，确定开展省内扶贫协作，加快脱贫攻坚步伐。在综合考虑各市经济实力和脱贫攻坚任务的基础上，确定济南市与临沂市、青岛市与菏泽市、淄博市与滨州市、烟台市与德州市、潍坊市与聊城市、威海市与枣庄市结成扶贫协作关系。省内扶贫协作从2016年开始，2018年年底结束，确保3年内现行省定扶贫标准下的农村贫困人口全部脱贫，省定扶贫工作重点村全部"摘帽"。

2016年烟台、德州两市签署《烟台—德州就业协作框架协议》，以"开发就业扶贫车间、开发农副产品网上平台"为主要渠道，扎实推进扶贫协作工作。两市以工作站为依托，定期传递资源信息和岗位信息，实现资源信息对接、产业帮扶对接、协作指导对接、培训帮扶对接和服务管理对接，有效对接贫困人口的就业需求和帮扶需要，实现精准服务。2017年1月，烟台市德信泰和科技股份有限公司和乐陵市签署了扶贫协作框架协议，计划在乐陵市规划建设食用菌种植基地、加工厂区、科技研发基地项目，总投资1.05亿元。并进一步就德州陵城区德信泰和光伏生态农业产业园、陵城区光明乳业扶贫基地、武城县英潮辣椒扶贫车间等企业扶贫模式共商发展思路。

2017年3月，省人力资源和社会保障厅、省财政厅、省扶贫开发领导小组办公室联合下发《关于进一步加大就业扶贫力度的通知》，从规范提升就业扶贫车间、设立创业扶贫工坊、开发公益扶贫岗位、开展劳务协作扶贫、开展技能扶贫培训五个方面加大就业扶贫力度。其中，以"1个家庭创业项目＋1笔创业扶贫贷款＋1所创业服务机构"为模式的"创业扶贫工坊"已成为跟进和落实各项创业扶贫政策的重要举措。

◎ "千村公路扶贫"专项行动

2012年6月，启动了为期3年的"千村公路扶贫"专项行动，总投资约16亿元，实现"打通断头路、硬化穿村道、连接必要村、消除危窄桥"的目标。2013年，菏泽市东明县交通运输局高度重视"千村公路扶贫"项目，多方举措力推实现优化设计、严格把关、强化协调、强化调度、强化推进。当年，东明县共完成公路扶贫项目23个，涉及3个乡镇，23个行政村，总投资2000多万元，总里程49.9公里。济宁市徽山县，坚持做到"三个优先

乡村扶贫公路

一个严格"不折不扣地完成"千村公路扶贫"道路建设任务，即项目计划优先考虑、项目实施优先安排、项目资金优先拨付，由各村"五老"人员严把"工程备料、路基压实、路面铺装、工程验收"四道关口，确保所有工程治疗合格率达到100%，确保让领导放心、群众满意。2016年，全县共11个村10条道路列为"千村公路扶贫"项目，道路建设里程14.7公里，共投资514万元。

◎ 黄河滩区整体搬迁

为确保黄河滩区群众安全，开展迁建试点，对滩区群众给予重点扶持。山东黄河滩区面积有1700多平方公里，涉及沿黄河9个市、25个县（市、区）782个自然村，居住人口60多万人，其中42万人还没有彻底摆脱洪水威胁。黄河滩区迁建工程，采取三种方式解决防洪安全和脱贫安居问题，

即易地外迁约5万人，就地就近筑村台约25万人，筑堤保护约12万人，从根本上帮助滩区群众摆脱贫困落后状况。

2015年7月，耿山口村被纳入黄河滩区居民迁建试点工程。10月，山东省黄河滩区居民迁建试点工程启动仪式在泰安市东平县银山镇耿山口新社区举行。2016年5月，省政府下发《关于山东省黄河滩区居民迁建二期试点工程实施方案的批复》。东平县银山镇马山头村、南刘村、北刘村成为第二批山东省黄河滩区居民迁建二期试点工程的村庄。2017年5月，菏泽黄河滩区脱贫迁建工程全面启动，覆盖滩区内人口14万人。滩区将建设安居村台31个，到2020年前将全部完成黄河滩区迁建工作。在帮助滩区百姓迁建新居的同时，菏泽市规划了产业支撑，农产品加工项目，三产旅游项目，将持续稳定地增加农民收入，达到帮助滩区百姓长期脱贫的目标。

延伸阅读 山东省推进"五个一批"工作向贫困"宣战"

> 为提前完成脱贫攻坚任务，在做好专项扶贫、行业扶贫和社会扶贫全面布局设计的基础上，山东省推进"五个一批"工作向贫困"宣战"，即通过扶持产业和解决就业脱贫一批、通过低保政策兜底脱贫一批、通过医疗救助扶持脱贫一批、通过教育、培训扶贫脱贫一批、通过移民搬迁安置脱贫一批，主要解决符合国家有关规定、有意愿进行易地扶贫搬迁贫困户的脱贫问题。目前，脱贫成果显著，已经基本建立起专项扶贫、行业扶贫、社会扶贫"三位一体"的扶贫开发新格局，并连续4年每年减贫100万人以上。截至2016年年底，山东省精准扶贫工程已成功实现151万人脱贫。

长远谋划，教育改革

大力实施教育优先发展战略，深化教育综合改革，加快构建更加完善的现代国民教育体系和终身教育体系，努力办好人民满意的教育。2016年

3月，《山东省国民经济和社会发展第十三个五年规划纲要》明确提出，推进教育现代化。

◎ 以"全面改薄"力促教育现代化

"全面改薄"既是全面落实"推进教育现代化"的有力举措，也是补强相对薄弱地区教育发展短板的迫切要求。在"全面改薄"中重点解决"钱、地、人"等问题，有力保障建设投入、校舍建设用地和师资补充，至2017年3月，已累计投入"全面改薄"资金407.07亿元，校舍建设开工面积2121.84万平方米，竣工面积1816.75万平方米，购置计算机多媒体1383.41万台（套），课桌凳286.58万套，图书6180.4万册，生活设施165.7万套，贫困地区学校办学条件得到明显改善。

◎ 以"现代职业教育体系"建设服务教育现代化

坚持从经济社会发展全局出发统筹谋划职业教育改革发展，开展具有山东特色的"现代学徒制"试点工作，以"互联网＋职业教育"人才培养模式为依托，积极打造"山东职教"品牌。2012年，山东省与教育部签署了省部共建潍坊国家职业教育创新发展实验区协议。在各项制度的支持下，以考试招生制度为突破口，建立了上下衔接贯通的职业教育人才成长路径，率先建立"文化素质＋专业技能"春季招生考试制度，开展中职与本科"3＋4"、高职与本科"3＋2"对口贯通分段培养试点，培养规模近万人。为提高学生的专业技能和职业素养，完善人才培养模式，省财政投入9000多万元，建立了中职、高职、应用型本科相衔接的课程体系，开发了100个专业教学指导方案。实行学历证书和职业资格证书"双证互通"制度，将试点扩大到所有合格中职学校，在16所高职院校和技师学院开展了合作培养试点。同时，在建立校企合作长效机制、加强师资队伍建设、推进多元办学等方面多措并举。

◎ 以"基础教育综合改革"推动教育现代化进程

2015年1月，省委、省政府正式下发《关于推进基础教育综合改革的意见》，力推基础教育综合改革，细致勾勒基础教育改革图景。一是推进政校分开、管办分离。以青岛、潍坊、烟台、威海、菏泽5市为试点取消中小学校长行政级别。鼓励学校创新管理体制与办学模式，完善目标管理和绩效管理机制，建立符合学校特点的管理制度。二是以校长教师流动促进区域教育均衡发展。2015年以来，针对城乡、区域和校际间教育资源配置不合理和流动性差等问题，采取措施鼓励义务教育阶段公办学校在编在岗教师，已聘任中级及以上专业技术职务的，在同一所学校连续任教超过两个聘期，应当交流轮岗。交流轮岗的重点是优秀校长和骨干教师向农村学校、薄弱学校流动。三是以"自主互动学习型"课堂改革，推进教与学关系的重塑。潍坊市积极探索教育现代化的改革，逐步实现"上课不灌输，升学不唯分，校长不是官"的教育改革模式。四是逐步建立起"底线管理＋特色发展"的中小学办学评价体系和多元开放、科学合理的教师评价机制。

◎ 中小学优质教育资源向乡村倾斜

省教育厅出台《关于推进县（市区）域义务教育学校校长、教师交流轮岗的意见》，提出用3到5年时间实现县（市区）域义务教育学校校长、教师交流轮岗的制度化、常态化，到2020年基本实现全省城乡义务教育师

庆云镇石佛寺小学简介

资配置基本均衡的目标。交流轮岗的重点是：优秀校长和骨干教师向农村学校、薄弱学校流动。每学期教师交流轮岗的比例不低于应交流教师总数的10%，其中初中段高级教师、小学段高中级教师交流轮岗的比例不低于交流教师总数的20%，特级教师、名师名校长、教学能手和县级以上优秀教师等要占一定的比例。出台《关于推进中小学教师县管校聘管理改革的指导意见》，在省内统一城乡教职工编制标准并落实农村学校机动编制政策的基础上，对学生规模较小的村小、教学点，按照教职工与学生比例和教职工与班级比例相结合的方式核定教职工编制。在分配专业技术中、高级岗位时向农村学校、薄弱学校倾斜。

民生为本，扩大就业

　　就业是最大的民生。省委、省政府高度重视就业创业工作，率先建立就业与重点建设项目、重要政策联动机制，在全国率先实行城乡一体的就业失业登记制度，率先出台进一步规范国有企业招聘行为的意见，通过财政收入、税收减免、创业贷

人力资源办事大厅

款、就业援助、培训补贴、社保补贴等"一揽子"政策有力促进就业。

　　◎ 实施就业优先战略行动

　　2013年、2015年，相继出台《山东省人民政府办公厅关于促进创业带动就业的意见》和《关于进一步做好新形势下就业创业工作的意见》，并在全省部署实施就业优先战略行动。2016年，全省实现城镇新增就业120.98万人，完成年度计划的109.98%；高校毕业生总体就业率93.77%，

比2015年提高1.76个百分点。转移就业贫困人口20.1万人，带动实现脱贫35万人，完成三年脱贫任务的58.3%。

◎ 积极推进大众创业

自2014年起，全面提高创业担保贷款贴息额度，将微利项目贷款贴息额度统一提高到10万元，劳动密集型小企业贷款贴息额度提高到300万元。2014年、2015年两年，省财政累计下达省级创业担保贷款贴息资金4.78亿元，撬动金融机构发放创业担保贷款122.5亿元，共帮助109041个创业个人和2884家小微企业缓解短期融资困难，43.73万人直接受益，2016年创业担保贷款贴息资金2.19亿元，有力助推了大众创业万众创新。

创业大学是推动大众创业、万众创新的重要载体。目前，全省17市已经全部建成创业大学，并在各县（市、区）、高等院校等处设立分校和教学点（站），形成了比较完善的创业培训体系。2017年1月，青岛创业大学、淄博创业大学、潍坊创业大学、威海创业大学、聊城创业大学等5家创业大学被认定为山东省省级示范创业大学，并将获得300万元的一次性奖补，资金主要用于创业大学开展培训实训、创业服务和创业大学管理运行经费。

为鼓励创业带动就业，德州市出台了一系列扶持创业带动就业的新政策：每年从失业保险基金结余中拿出不少于5000万元用于设立市创业带动就业扶持资金；对创业小微企业给予1万元的创业补贴和每个岗位2000元的创业岗位开发补贴，分别是原来标准的5倍和4倍；提高个人小额担保贷款最高额度，由原来的5万元、8万元统一提高到10万元，并给予全额贴息；扩大担保基金规模，全市担保基金规模从5600万元猛增到近2.1亿元。聊城市积极开展就业帮扶工作，支持返乡下乡人员创业，完成招标认定市本级创业担保贷款经办银行4家。全市共发放创业担保贷款4794万元，扶持带动就业1390人，城镇新增就业1.27万人，开展就业创业培训5194人。

◎ 促进重点群体就业

把高校毕业生就业摆在就业工作首位。2017年，为推动高校毕业生就业创业促进计划实施，进一步加强高校毕业生与用人单位的对接服务，继续坚持服务产业转型升级、突出专业特色的原则，充分适应经济社会发展新常态。紧紧围绕"一蓝一黄、一圈一带"特色经济区发展，大力推广区域化、小型化、专业化招聘活动，提高对接成功率。2015年以来，对高校毕业生、农民工、就业困难群体等重点群体都采取了针对性措施，建立起省市县乡村五级公共就业服务体系，对就业困难群体承诺"不挑不拣48小时实现就业"。

◎ 率先探索"证卡合一"

2017年4月，人力资源社会保障厅、潍坊市人民政府联合在潍坊市启动了"证卡合一"试点，标志着就业创业证与社会保障卡"证卡合一"工作的正式实施。就业创业证与社会保障卡"证卡合一"是将纸质就业创业证证照信息写入社会保障卡，实现社会保障卡在就业失业管理服务领域的身份凭证、信息记录、自助查询、待遇领取、金融支付"五大功能"，在全国具有首创性。"证卡合一"利用社会保障卡IC卡独有的PIN码认证特性，实现人社领域内各类证照、技能证书、证明材料的共享和互认，让持卡人获得"一站式"的就业与社保服务，实现人社窗口服务的"标准化、信息化、一体化"。自2018年起，将在全省范围实现"证卡合一"。

公共服务，促进均等

2016年，山东安排12亿元推动基本公共服务均等化，用于提高菏泽、临沂、聊城、德州等西部地区，以及20个省财政直接管理县、17个新增现代预算管理制度改革试点县的财力水平，帮助其落实工资及民生保障政策。这是全省推进基本公共服务均等化的一个缩影。

◎ 推进县域基本公共服务均等化

2017年2月，印发《关于以市为单位统筹推进县域基本公共服务均等化的指导意见》，从强化市级统筹责任入手，对全省推进县域基本公共服务均等化工作作出全面部署，要求以市为单位逐步实现"五个基本统一"，即推进市域内县域间民生政策保障标准基本统一，推进市域内县域间农业转移人口市民化待遇基本统一，推进市域内县级机关事业单位工资性收入政策基本统一，推进市域内县乡机构运转经费保障标准基本统一，推进市域内县域间基本公共服务设施建设标准基本统一。

◎ 推进基本公共卫生服务均等化

肥城市着力健全一个体系，强化三项举措，实现四个到位，全面推进国家基本公共卫生服务项目，努力打造全民健康新生态。一是健全基本公共卫生服务组织体系。肥城市成立了国家基本公共卫生服务项目工作领导小组，确定了13处镇街卫生院、1处城市社区卫生服务中心、448个村卫生室、社区卫生服务站的基本公共卫生服务任务，市疾控中心、妇保院、精神卫生中心负责对项目工作进行技术指导、培训、评价考核。各镇街也相应成立了组织，明确了相关科室和村卫生室的职责任务，形成了市局组织、专业机构指导、镇街具体抓、站室配合服务的四级无缝隙全覆盖的网络体系。二是强化三项举措。肥城市将"PDCA管理循环"引入项目管理，强化业务培训、资金管理、绩效考核。三是实现四个到位，即健康管理到位、特殊人群管理到位、疾病管控到位、健康促进到位。

◎ 推进公共交通服务均等化

为适应农民群众不断增长的文化生活需求，2014年，启动城乡公交一体化进程，在乡村公路通达水平高、地方经济实力强、政府重视的县（市、区），选择16个单位实施"城乡公交一体化示范县"建设。省财政安排专项资金对购买节能与新能源汽车、安装北斗车载终端系统、公交车调度信息化建设等给予财政扶持，通过示范试点推广，扩大公共交通覆盖率，提高城乡公交服务水平，实现乡村客车全覆盖，城乡客运公交化运营比例达到70％以上，城乡公交中节能与新能源客车比重在60％以上。

2015年，临沂市交通运输局把打造农村公路升级版作为加快推进公共交通服务均等化的一项重要举措，努力打造沂蒙幸福交通品牌，解决长期制约农村经济发展"最后一公里"的交通瓶颈问题。首批确定了兰山区汪沟镇、沂南县岸堤镇、蒙阴县常路镇3个农村公路升级版试点乡镇，计划投资9032万元，改造农村公路60.1公里。坚持高标准设计，组织相关单位认真勘察、反复论证，最终确定实施方案。所有试点项目路面宽度不低于6米，路基宽度不低于10米，同时高标准配套绿化、安保设施、停车港湾、站点棚牌等。各县区局优选施工队伍，严把工程质量，全面推动全市农村公路提档升级。

延伸阅读 **荣成加大均等化力度 绘就城市发展图景**

2014年1月，荣成市出台《关于推进生态宜居幸福荣成建设的意见》，提出深入实施新型城市化战略，加大公共投入、社会服务、民生保障"三个均等化"力度，统筹推动城乡一体化发展，努力把荣成建设成为环境生态优美、生活舒适宜居、和谐幸福共享的美好家园，明确了生态宜居幸福荣成建设目标。近年来，荣成市开展"环境＋社区＋产业＋文化"的"四位一体"综合整治，逐步实现城乡公共投入均等化；以"15分钟便民服务圈"推动公共服务均等化；以"农村实用人才培训计划"，推动农民人均纯收入年均增长15％以上，稳步实现民生保障均等化。

惠民工程，全面覆盖

◎ "健康山东"惠及城乡

自2010年开始在全省范围内开展健康山东行动，打造"健康山东"，强化卫生创建工作。健康山东行动的开展，使山东省群众的文明素质逐步提高，健康生活方式逐渐形成，城乡卫生环境面貌大大改善，卫生创建成效显著。"健康寿光"医疗政策惠及百万菜乡民众。2012年，寿光以减轻群众就医负担为出发点，以医疗惠民行动为载体，认真落实20项医疗惠民措施。一是健康活动利民，寿光投资700万元建立"数字卫生"信息共享平台，将居民健康信息全部纳入，为医务人员对患者作出准确诊断提供了信息支撑和保障；二是设施服务便民，为方便群众就医，寿光提出"15分钟就医服务圈"的卫生服务分布原则，加强市镇村三级网络建设。医疗技术服务水平大幅提升，真正实现了群众"小病不出村、常见病不出镇、大病不出市"。

◎ "食安山东"惠民生

2017年4月，山东省出台了《关于"食安山东"品牌建设的实施意见》，全面实施品牌强省和食品安全战略，以"食安山东"建设为统领，聚焦重点产品、重点行业、重要业态和关键环节，通过持续培育、整体创建、巩固提升，打造山东食品安全整体形象。"食安山东"工作开展以来，成效显著。2017年4月，国家食品药品监督管理总局发布《关于首批国家食品安全示范城市综合评议结果的公示》，将全国15个城市列为国家食品安全示范城市，济南市、青岛市、烟台市、潍坊市、威海市入列，占总数三分之一。济南市为全面提升食品安全总体水平，构建起从"农田到餐桌"的食品安全监督管理体系、检验检测体系和经费保障机制。市政府先后投资1亿元用于市级检验检测中心建设，列支1700万元用于餐厨废弃物回收和无害化处理，拨付1500万元用于规范食品摊贩经营行为。与此同时，济南市还建立了市级食品和农产品及畜产品检验检测中心、6个县级综合性检验检测中心、300余处快速检测室组成的食品检测体系。2016年全市食品抽检样本量达到6份/千人，抽检合格率达到97.95%。

食品安全宣传公益广告

延伸阅读 创食品安全城市　树食安烟台形象

　　烟台是"中国食品名城""中国绿色食品城""中国鲁菜之都""国际葡萄·葡萄酒城"，食品产业是全市五大过千亿产业集群之一。食品安全源头治理扎实有效，食品企业主体责任总体得到落实，食品安全从业人员素质得到有效提高，食品安全监管能力水平得到大幅提升，烟台市建立了财政投入稳定增长的长效机制。2015年、2016年分别投入3.63亿元和4.65亿元，增幅达到10.7%和27.94%。食品抽检合格率持续保持较高水平，食品安全违法犯罪得到有力打击，全面推进"三安"联，持续开展食品安全治理整顿，食品安全共治格局基本形成。烟台市已被列为山东省食药安全信用分级分类管理试点，社会监督渠道进一步畅通，设立12331投诉举报电话。近两年，烟台市受理投诉举报2533件，核查回复率保持100%。

◎ 全民健身工程覆盖城乡

　　2016年11月，山东省正式发布《山东省全民健身实施计划（2016～2020年）》，促进全民健身和全民健康深度融合。深入开展健身活动，支持推广"百千万三大赛""谁是球王""民间体育达人"和"社区健身节"等民间健身活动，推动体育活动向农村和社区延伸。潍坊市加大全民健身事业的投入，大力倡导"人人热爱体育、全民健身强体"理念，逐渐构建起了符合市情、覆盖城乡、比较完善、可持续的全民健身公共服务体系。为打造"十分钟健身圈"，潍坊市不断加大全民健身工程投入，建起一大批健身活动中心、户外活动基地、农民体育健身工程等。截至2016年5月，全市群众健身工程达到6000多处。潍坊市根据城乡居民居住情况，对健

村健身场所

济南市全民健身中心

身工程进行科学规划，设立全民健身活动中心、户外活动基地、健身长廊、乡镇（街道）健身活动中心、社区健身场地、农民体育健身工程、健身小广场等体育健身工程，构成了市、县（市区）、乡镇（街道）三级全民健身中心，城乡社区体育设施覆盖率达到100%。

社保托底，完善体系

社会保障是保障人民生活、调节社会分配的一项基本制度。党的十八大报告明确提出，要坚持全覆盖、保基本、多层次、可持续的方针，以增强公平性、适应流动性、保证可持续性为重点，全面建成覆盖城乡居民的社会保障体系。党的十八大以来，山东省城乡医保整合、大病保险工作和日趋完善的城乡社会保障体系，使广大城乡居民切实享受到了政策实惠。

◎ 统筹城乡社保体系走出"五个率先"

在全国率先建立起省、市、县三级完整的居民养老保险制度体系，2015年年底居民养老保险参保达4519.6万人，居全国第2位。在全国率先建立全省统一、城乡一体的居民基本医疗保险制度，2015年年底居民医疗保险参保达7306.3万人，居全国第1位。在全国率先开展城乡一体、全省统筹的居民大病保险制度，

社保大厅公告栏

2014～2015年累计补偿136.17万人（次）、28.36亿元，各约占全国的1/4。在全国率先启动机关事业单位养老保险制度改革。在全国率先开展职工长期护理保险试点，东营、潍坊、日照、聊城为首批试点市。

◎ **实施大病保险对贫困人口实行倾斜性支付**

完善大病保险政策，对包括建档立卡贫困人口、五保供养对象和低保对象等在内的城乡贫困人口实行倾斜性支付政策。规范大病保险经办业务，完善居民大病保险考核评估办法，建立健全第三方评价机制。2013年11月，山东省政府出台了《关于建立居民基本医疗保险制度的意见》，对城镇居民医保制度和新型农村合作医疗制度进行整合，建立城乡统一的居民基本医疗保险制度。通过整合，全省居民医保工作实现了"五个统一"：统一筹资办法、统一待遇标准、统一目录范围、统一信息系统、统一基金管理；并做到了"六个规范"：规范参保登记、规范缴费流程、规范就医结算、规范定点管理、规范基金监督、规范平台建设。

◎ **率先探索建立老年人长期医疗护理保险制度**

为解决失去生活自理能力老年人的护理问题，积极探索建立社会化职工长期护理保障制度，将参保患者的"医疗"和"护理"结合起来，进一步拓宽了医疗保险保障功能。2017年4月，山东省出台《关于试行职工长期护理保险制度的意见》，提出利用3年左右时间在全省全面建立职工长期护理保险制度。

自2012年7月起，青岛市率先在城镇基本医疗保险制度框架内建立了长期医疗护理保险制度，又率先探索建立老年人长期医疗护理保险制度，为城镇医保范围的失能半失能老年人提供补贴。东营、潍坊、日照、聊城4个城市也于2015年开始开展试点工作。2015年以来，青岛市将职工和居民医保基金每年固定划入护理保险的资金8亿元。为满足参保人不同的医疗护理需求，青岛市共有467家机构开展护理保险业务，其中416家机构开展家护、巡护业务，共有38家机构开展院护业务、有13家开展专户业务。

◎ 稳步提高各项社保标准

城乡居民社会保障制度统一并轨，变化的不单单是管理方式，更重要的是体现了社会保障制度的公平性，提高了社会保障制度的均等化水平，有利于实现发展成果更多更公平地惠及全体人民。2014年，实施居民大病保险制度，至当年年底就补偿了69万人，补偿资金10亿多元。截至2015年年底，大病保险政策覆盖全省6688万城乡居民。2016年，提高大病保险政府补助标准，将居民大病保险筹资水平由32元提高到52元，城乡居民大病保险在一个医疗年度内，最高补偿额度，从20万元提高到了30万元，大病报销水平进一步提高。同时，2015年，企业退休人员养老金水平已经是连续第11次提高，城乡居民基本医疗保险政府补助标准每人每年也比上年提高60元，达到380元；连续第4年提高居民基础养老金标准，居民基础养老金标准从每人每月不低于75元提高到85元。经省政府同意，自2016年7月1日起，全省居民基本养老保险基础养老金最低标准增加15元，由每人每月85元提高至100元。居民医疗保险也同步提标，省财政安排补助资金59.1亿元，拟将政府补助标准再提高40元，达到420元。

延伸阅读 *山东着力提升社会保障能力和水平*

2013年1月，《山东省人民政府关于贯彻国发〔2012〕17号文件做好社会保障工作的意见》发布实施。据悉，截止到"十二五"末，山东省职工基本养老、城乡居民养老、城镇基本医疗、失业、工伤、生育保险参保人数分别达到2270万人、4474万人、3250万人、1210万人、1410万人、1050万人。省级异地就医结算系统日趋完善，2015年实现了省内各统筹区域间就医联网即时结算，社会保障卡持卡人数达到5683万人，覆盖60%以上人口。

七、传承弘扬　文化自信

　　习近平总书记强调：一个国家、一个民族的强盛总是以文化兴盛为支撑的，中华民族伟大复兴需要以中华文化发展繁荣为条件；中华优秀传统文化是中华民族的精神命脉，是我们在世界文化激荡中站稳脚跟的坚实基础，增强文化自信是坚定道路自信、理论自信、制度自信的题中应有之义。党的十八大以来，山东省认真学习贯彻习近平总书记系列重要讲话和视察山东重要讲话、重要指示批示精神，以建设文化强省为目标，坚持社会主义先进文化前进方向，依托山东独特的传统文化资源，积极传承创新中华优秀传统文化，完善文化服务体系，努力构筑崇德向善、活力迸发、繁荣多彩、文明和谐的道德文化高地，深入推进齐鲁文化"走出去"，加强对外传播能力建设，讲好中国故事、山东故事，"孔子故乡·中国山东"品牌更加响亮，以坚定的文化自信推动山东文化繁荣发展。

思想先导，价值引领

　　思想是行动的先导，价值是行为的标准。山东省始终把学习贯彻习近平总书记系列重要讲话精神和党中央治国理政新理念新思想新战略作为宣传文化工作的首要任务，面向全社会广泛开展中国特色社会主义和中国梦宣传教育，坚持马克思主义在意识形态领域的指导地位，用社会主义核心价值观引领社会思潮。

◎ 把牢正确导向，营造积极健康向上的主流舆论

紧紧围绕中心、服务大局，坚持团结稳定鼓劲、正面宣传为主，各级各类媒体，精心组织一系列重大主题宣传，深入宣传党的理论创新最新成果，宣传统筹推进"五位一体"总体布局和协调推进"四个全面"战略布局的新成就新经验，唱响主旋律，凝聚正能量。围绕适应经济发展新常态、推进供给侧结构性改革，加强经济宣传和形势政策解读，有效引导社会预期。推动新闻发布工作机制化常态化，每年举办省级新闻发布会100场，县级以上党委政府新闻发言人达2200多名，建好用好新媒体政务发布平台，利用微博、微信、客户端等新媒体及时发布权威信息。媒体融合不断深化，大众报业集团"网上大众"全媒体工程、山东广播电视台融媒体服务云平台、可视化移动新闻传播平台、齐鲁优秀传统文化服务平台、"理响中国"理论融媒体传播平台、山东出版集团"山东出版云平台"等重点工程进展顺利。省主要媒体综合运用融媒体的技术手段和传播方式，成功推出了一批融媒体报道案例，取得良好传播效果。

◎ 社科强省建设迈出坚实步伐

省委先后召开山东省社会科学界第七次代表大会、全省哲学社会科学工作座谈会，制定《关于实施山东省理论建设工程推进"四大平台"建设的意见》《关于加强中国特色新型智库建设的实施意见》等一系列政策举措。全省哲学社会科学战线认真贯彻中央和省委的部署要求，面对新形势，研究新问题，展现新作为，有力推进社科强省建设，哲学社会科学事业呈现新局面。

突出重大理论问题、重大现实问题和重大实践经验，深入开展基础理论和应用对策研究。近年来全省共获得国家社会科学基金项目1200余项、教育部人文社会科学研究项目1200余项、省社会科学规划项目4000余项，出版著作4000余部，发表论文近9万篇。入选国家哲学社会科学成果文库29项，入选数量居全国前三位；获得教育部高校人文社科优秀成果奖40余项、省社科优秀成果奖1300余项。

　　坚持优化结构、培育优势、彰显特色，大力加强学科建设，全省共有国家重点学科6个，省级重点学科131个。实施山东省理论建设工程、推进"四大平台"建设，山东大学进入首批全国重点马克思主义学院，支持建设首批14个省重点高校马克思主义学院、14个中国特色社会主义理论体系研究基地、15个新型智库试点单位。颁布《社会科学普及条例》，开展形式多样的社科普及活动。山东社会科学院实施创新工程试点取得实质进展。全省共有教育部人文社科研究基地7家、省社科规划重点研究基地56家，11家学术期刊被列入CSSCI来源期刊，6家获得国家社科基金项目资助。

　　大力加强人才队伍建设，实施重点人才工程，目前全省社会科学领域有"长江学者"7人，全国文化名家暨"四个一批"人才25人，"泰山学者"54人，获得省社会科学突出贡献奖52人、学科新秀奖53人，入选齐鲁文化名家、齐鲁文化英才、理论人才"百人工程"317人。

◎ 注重价值引领，深化拓展道德建设和文明创建

　　坚持以社会主义核心价值观为引领，深入推进美德山东、文明山东、诚信山东建设，构筑山东道德文化高地。加强理想信念教育，深入开展中国特色社会主义和中国梦宣传教育，广泛开展依法治国、依法治省宣传教育，积极开展"中国梦·我的梦"主题实践活动。深入实施"四德工程"，开展示范县（市、区）创建活动，在城乡建成"善行义举四德榜"9.5万余个，善行义举榜建设工作经验被中宣部在全国推广。近年来推出全国"时代楷模"朱彦夫、李登海、张楠、赵志全等一批重大典型，山东入选全国道德模范数量居全国前列。广泛开展"学雷锋，做山东好人"活动，"中国好人榜"入选数量连续三年位居第一。推进诚信建设制度化，深入开展"厚道鲁商"倡树行动。加强爱国主义教育基地建设，建成开通网上山东抗日战争纪念馆。扎实推进文明城市、文明村镇、文明单位、文明校园、文明家庭创建活动，全省创成全国文明城市7个、提名城市6个，全国未成年人思想道德建设先进城市5个，精神文明创建工作整体名列前茅。着眼美丽乡村建设，深入实施"乡村文明行动"，在全国率先实现城乡环卫一体化

镇村全覆盖，加强移风易俗工作，被中央文明办确定为全国农村移风易俗工作试点省份。加强未成年人思想道德建设，实现每个乡镇至少有一所乡村学校少年宫。推进志愿服务，全省登记在册的各类志愿者600余万。

延伸阅读 扎实推动农村移风易俗，让农民群众沐浴美的乡风民风

积极推行喜事新办、丧事简办、厚养薄葬，倡导婚丧嫁娶新风，2016年年底全省所有村居将移风易俗纳入村规民约，成立红白理事会8.6万余个，实现村居全覆盖。目前，在继续遏制大操大办基础上，在设计新仪式、新内涵上下功夫，培训红白理事会骨干成员3万多人，着力提升婚丧仪式办理水平；在继续抓好抵制婚礼陈规陋习基础上，盯住"老大难"不放，着力解决婚事高额彩礼问题；在继续治理殡葬市场乱象基础上，以公墓建设为重点，着力完善殡葬基本公共服务。近两年全省新建改建公墓5718处，14个市由政府承担基本殡葬服务费。

关键词

乡村文明行动

从2011年4月开始，山东省启动乡村文明行动，以美丽乡村建设为目标，以乡村文明行动为总抓手，以推进村容村貌、村风民俗、乡村道德、生活方式、平安村庄、文化惠民"六大建设"为主要内容，实施"村庄整治""四德工程""新农村新生活培训""文化惠民"四大工程，引领农民生活方式转变，培育新农民，营造新环境，倡导新风尚，发展新文化，实现新发展，为农村全面建成小康社会提供了借鉴。具体工作中，一是坚持规划先行，省委省政府出台意见，先后制定了两个五年工作规划，加强顶层设计，形成有目标规划、有组织机制、有活动载体、有考核激励的完备工作体系，使乡村文明行动成为农村精神文明建设的综合抓手。二是坚持全面覆盖，在环境整治过程中，县为主体，不搞盆景，连片打造，整体推进，强调末端显示。三是坚持价值引领，把社会主义核心价值观教育贯穿乡村文明行动全过程，倡导文明健康生活方式，培育"文明、和睦、互助"乡村文化精神，弘扬社会新风尚。四是坚持聚焦汇力，在文明委主导下，文明办会同有关部门建立联席会议制度，形成了"统起来抓、分开来做"的有效工作机制。

双轮驱动，文化强省

党的十八大以来，山东省深入贯彻落实党的十八大和十八届三中、四中、五中、六中全会精神，牢牢把握文化工作的正确方向，围绕中心、服务大局，文化事业、文化产业蓬勃发展。

◎ 强化政策引领

按照全面推动服务业转型升级的决策部署，制定了《山东文化产业转型升级实施方案》，明确了2020年山东文化产业发展目标。制定和实施了区域文化产业发展专项规划，包括《省会城市群经济圈文化产业发展规划（2013～2020年）》《西部经济隆起带文化产业发展规划（2014～2020年）》《关于推进文化创意和设计服务与相关产业融合发展的行动计划》等，大力推进文化领域大众创业、万众创新，引领各地相关文化产业发展提质增效，转型升级。着力打造文化产业发展高地，加强文化产业示范园区、基地建设管理，开展文化产业示范园区（基地）评选认定工作。截至2016年年底，全省共有国家级文化产业示范园区（基地）17个、省级文化产业示范园区（基地）163个。

◎ 深化文化体制机制改革

着力理顺文化行政部门与所属企事业单位关系，充分发挥行业管理作用，推动由"办文化"向"管文化"转变。深化国有文艺院团转企改制，落实改革举措，加快推进山东演艺集团实质整合。深化内部机制改革，在省图书馆、济南市群众艺术馆等10个单位启动省级公共文化机构法人治理结构试点，积极推进建立理事会制度。在省图书馆、山东博物馆、省文化馆、山东美术馆"四馆"实施"大师引进工程"，聘请许嘉璐、单霁翔、王文章、刘大为分别担任"四馆"名誉馆长，全面提升"四馆"文献学术研究、对外文化交流和社会教育水平，为其他文化事业单位体制机制改革积累了经验。改造提升演艺、娱乐、文化旅游、文化会展、工艺美术等传统文化产业，加快

山东美术馆

发展动漫、游戏、创意设计、网络文化、数字内容等新型文化业态，推进文化产业与金融、科技、旅游、制造业、农业等相关产业融合发展。

◎ 搭建文化产业发展服务平台

实施"互联网＋文化产业"行动计划，建立完善山东文化产业综合信息发布平台。截至2016年年底，山东文化产业综合信息发布平台已发布各类产业信息1273条，421个文化项目在线申报，单位注册用户数量772个。加强文化产业项目宣传推介，组织省内文化企业参加各地承办的文化产品交易博览会、文博会等专业展会活动，不断扩大山东文化企业的知名度和影响力。组织各类文化产业培训班，为文化产业的发展培训人才。2016年，举办了首届"文化企业无形资产评估与文化产业发展高峰论坛"，并组织8期文化产业培训班，培训文化产业从业人员800余名。

◎ 规范文化市场监管

为加强对文化市场的监管，印发了《山东省推广文化市场随机抽查规范文化市场事中事后监管工作实施方案》，建立了执法检查人员和检查对象"双随机"抽查机制。市县两级文化市场综合执法机构和执法队伍进一步健全，综合执法统一体系、制度体系、技术监管体系、执法保障体系逐步完善，"统一领导、统一协调、统一执法"的文化市场管理体制和运行机制基本建立，全省文化市场依法管理、科学管理、有效管理水平不断提高。济宁市文广新局和文化市场综合执法局联合制订《行政许可和综合执法协作制度》，促进了行政许可与综合执法的协作配合。济南市完善文化执法

山东省会大剧院

案件网上办理监督审核制度，严格了程序，优化了流程，加强了监督，提高了办案质量。

◎ 文化创作精品不断

党的十八大以来，大力实施舞台艺术精品工程、十艺节重点剧目创作工程、社会文化艺术创作工程和重点美术创作工程等重大工程建设，深入实施"艺术高峰"战略，各级各类文艺工作者坚持以人民为中心的工作导向，深入基层一线，创作出一大批接地气、有人气、深受群众喜爱的优秀文艺作品。省吕剧院创作的现代吕剧《百姓书记》获十艺节"文华大奖"，并参加了中宣部、文化部主办的"庆祝新中国成立65周年全国优秀剧目展演"，在省内演出30多场，在天津、湖北、浙江、江苏、安徽、河南等地进行了巡演，党和国家领导人给予高度评价，在全国各地反响好、影响大。济南市京剧院创作的京剧《项羽》获十艺节"文华大奖特别奖"。省吕剧院创作的吕剧《回家》入选第四届全国地方戏优秀剧目展演，并获"中国戏曲学会奖"。青岛歌舞剧院创作的歌舞剧《红高粱》荣获第十四届中宣部"五个一工程"奖，并入选参加文化部"纪念中国人民抗日战争暨世界反法西斯战争胜利70周年优秀剧目巡演"。省京剧院创作的京剧《瑞蚨祥》、省话剧院创作的话剧《严复》、省杂技团创作的杂技《聊斋遗梦》获得省第十一届精神文明建设"文艺精品工程"。儿童剧院创作的儿童剧《绿色的梦想》入选全国儿童剧优秀剧目展演。吕剧《兰桂飘香》参加第五届全国少数民族文艺会演并荣获银奖，舞蹈《田埂地垄一片云》入选第十一届全

吕剧《兰桂飘香》剧照

国舞蹈展演,《山东梆子腔》获第十一届中国艺术节群星奖。山东梆子《跑旱船》进京展演并参加2017年新年戏曲晚会,习近平总书记等党和国家领导人观看,给予高度评价。

完善服务,文化惠民

党的十八大以来,大力推进文化惠民工程建设,公共文化服务体系建设亮点频现、成就卓然,整体面貌发生重大改变。

◎ 注重完善公共服务体系的顶层设计

为加快推进山东省公共服务体系的建设,在全国率先制定了《关于加快构建现代公共文化服务体系的实施意见》和《山东省基本公共文化服务实施标准(2015~2020年)》,对全省现代公共文化服务体系建设工作作出总体设计,为打通公共文化服务的"最后一公里"、实现覆盖城乡的公共文化服务"均等化""标准化"提供了具有指导意义的"山东标准"。推进以县级图书馆、文化馆为主体的总分馆制建设,探索运行模式,建立联动机制,实现城乡公共文化一体化运行发展。深入推进公共文化辅导工程,组织开展"结对子""种文化"活动,形成长效结对帮扶机制,有力提升了基层公共文化服务能力。参照国家东部地区标准,拟定了山东省公共文化服务保障标准。在全国率先制定农村文化大院建设服务标准、公共电子阅览室建设和服务标准、"尼山书院"建设服务标准。在济南等6市启动标准化建设试点，取得初步成效。为贯彻落实国务院《关于做好政府向社会力量购买公共文化服务工作意见的通知》（国办发〔2015〕37号）的精神，为全面做好山东省政府向社会力量购买公共文化服务工作，省政府制定出台了《山东省人民政府办公厅关于贯彻落实国办发〔2015〕37号文件做好政府向社会力量购买公共文化服务工作的实施意见》，对社会力量参与公共文化服务的各项政策做了进一步细化。

尼山书院

文化大院图书室

◎ 基层综合性文化服务中心建设加快推进

为加快推进基层综合性文化服务中心建设，制定了《关于推进基层综合性文化服务中心建设的实施意见》，明确了基层综合性文化服务中心建设和服务标准。截至目前，全省共建有各级图书馆153个，其中国家一级馆76个、二级馆42个、三级馆34个；建有158个文化馆，其中国家一级馆101个、二级馆28个、三级馆29个；全省乡镇（街道）综合性文化服务中心覆盖率已达99.3%；行政村（社区）文化大院（文化活动室）覆盖率达95.6%，经改造提升符合综合性文化服务中心建设标准的达到60%。

◎ 数字化服务能力进一步提升

文化共享工程已经实现全覆盖，全省建有1个省级分中心、17个市

公共电子阅览室

级支中心、139个县级支中心、1388个乡镇基层服务点、503个街道基层服务点、5900多个社区基层服务点、76000多个村基层服务点。通过"中国文化网络电视"继续打通面向基层的数字资源传输通道，提高文化共享工程入户率和服务效能。全省挂牌建成公共电子阅览室9300余个，服务终端10余万台，3G网络终端4100个，年服务5000万人次，形成了公共电子阅览室"一站双网三平台全功能"服务模式。目前，全省公共电子阅览室管理信息系统已与国家顺利对接，可监测服务人次居全国第一位。"光明之家"盲人数字图书馆建设也取得了明显进展，目前，已建成基层视障数字阅览室59个。

◎ 文化惠民成效显著

2013年，以筹办十艺届为契机，积极组织举办系列惠民展演活动，累计演出5万多场，举办广场群众文化活动3.5万余场，美术作品展览920多场，参与群众2900多万人（次）。向农民工、残疾人、福利院儿童等特殊群体免费送票2万余张，使老百姓得到了切实的文化实惠。2014年，进一步扩大全省美术馆、公共图书馆、文化馆（站）免费开放范围，省财政投入免费开放资金4500万元，全省新增服务窗口692个、服务品牌项目836个，服务群众近3100万人（次）。优化升级农村文化大院（综合文化中心）1万个，为3万个村（居）广场舞蹈队配备了便携式移动音响和道德舞曲。举办非遗传承人、民间艺人收徒传艺培训班230多期，培训人员8700多人。通过政府购买服务，推动"一村一年一场戏"工程，完成演出3万余场。2015年，为22056个村居（社区）广场舞蹈队配备便携式拉杆音箱，免费培训文化广场舞领舞人27931人；继续扩大"五馆一站"免费开放服务范围，中央和省投入免费开放资金2.8亿元，各级图书馆、文化馆全部实现免费开放，新增服务窗口705个，新增服务品牌和服务项目798个。2016年，扶持

一村一年一场戏表演现场

5403个贫困村建成了文化活动室，为3.4万个村的广场舞蹈队配备了便携式拉杆音箱，为农村（社区）免费送戏3.7万余场。面向济南市民启动"齐鲁大舞台"文化惠民演出季活动，先后完成340余场文艺演出；组织省直艺术院团免费为全省农村开展"送戏下乡"400场次，为全省儿童福利院和社

延伸阅读 《让文化温润人心——山东建设公共文化体系》

　　"早晨听鸡叫，白天听鸟叫，晚上听狗叫。"这是以往山东农村文化生活的真实写照。这些年，文化贫乏对于城乡发展的制约作用越来越明显，已经到了不可忽视的地步。文化缺失往往容易造成社会氛围不和谐，为人不友善，邻里不互助，甚至还会导致犯罪率上升，影响和谐社会建设。

　　如今的山东农村，白天可以去农家书屋上上网、看看书，晚上可以到文化大院听大戏、看电影、跳跳舞。多姿多彩的农村文化生活，越来越有时髦味。类似的变化，不仅出现在乡间农家，也发生在城市社区。山东省公共文化服务体系建设找准了城乡协调发展的重要关节点，在大力推动城乡经济发展的同时，更重视"软实力"建设。如今，越来越多的普通人参与到公共文化生活之中，学会品味生活、品味文化。崭新的文化地标，多彩的文化活动，公共文化服务在齐鲁大地上绽放出美丽的花朵，为经济和社会协调发展奏出了美妙的乐章。

　　　　　　　　　　　　　　　　　——《人民日报》（2016年6月12日第1版）

会敬老院免费送戏140场次；开展"艺术（戏曲）进校园"活动，走进50余所大中小学校园演出70余场，受到师生的热烈欢迎。2016年，济南市还开展了"书香泉城·数字阅读进网咖"试点，将济南市图书馆数字资源引入网吧，让上网群众免费使用维普科技期刊、知网资源总库等数字资源。

非遗传承，凝聚认同

弘扬中华优秀传统文化，非物质的文化无形遗产不可忽视。民族非物质文化遗产，是民族生活样态、情感表达和特有的思维方式、审美习惯的

泰安市东岳大街泰山非物质文化遗产剧场——泰山皮影

体现，保留着形成该民族文化的原生状态。我们今天保护非物质文化遗产，更重要的是在历史中传承构建起文化以及观念层面的认同，从而在全球化的时代背景下彰显齐鲁文化独特的价值和观念，进而成为凝聚区域文化的牢固纽带。山东省非遗保护走在全国前列，本着"创新""开放""共享"的理念，为齐鲁文化的弘扬和传承发挥了重要作用，同时激发了民众参与保护传承非物质遗产的积极性，使非物质文化遗产真正融入到百姓生活中，形成了良好的社会氛围。

◎ 构筑"五位一体"的非遗保护传承体系

党的十八大以来，先后颁布实施《山东省非物质文化遗产条例》《山东省传统工艺振兴工程总体方案》等一系列文件，搭建平台，完善机制，构建起非遗项目、传承人、传习所、生产性保护基地、生态保护区"五位一体"的非遗保护传承体系，推动全省非遗保护传承工作。目前，山东省共

有国家级非遗传承项目173个、传承人52名、生产性保护基地3个、生态保护实验区1个；省级非遗传承项目751个、传承人309名、生产性保护基地31个、生态保护实验区9个，数量在全国居于前列。省文化厅分门类举办"齐鲁非遗大讲

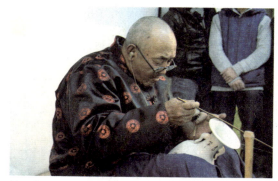

第五代"金刚锔"传人尚乾坤（泰安肥城人）正在锔瓷

堂"系列培训班，对全省非物质文化遗产项目代表性传承人全部培训一遍。在讲堂定位上，围绕"弘扬中华优秀传统文化，构建社会主义核心价值观"这个主题，搭建"政策阐释、交流互动、展示展演"3个平台，推动授课者与听课者、省主管部门与市县保护机构、项目传承人之间、项目与新闻媒体之间的互动，扩大讲堂的影响力，努力打造"1个主题、3个平台、4个互动"的"1＋3＋4"的非遗大讲堂模式。

◎ 成功举办4届"中国非物质文化遗产博览会"

"非博会"由国家文化部、山东省人民政府主办，坚持"政府主导、社会参与、市场运作、规范管理"的办会思路，积极引进社会力量参与。迄今为止，山东省共主办4届非博会，交易总额超过1000亿元。非博会期间，精彩的文艺演出将优秀非物质文化遗产项目立体地呈现在艺术舞台上，人民群众更加直观地感受到非物质文化遗产的深厚底蕴和独特魅力，据统计，期间共有超百万人体验了非博会的盛况，不仅使非博会实现了传承非物质文化遗产的目的，同时让非博会成为人民的节日。借力"中国非物质文化遗产博览会"，山东省的非遗项目也走上了发展的快车道，顺应"大众创业，万众创新"的趋势，走上了产业化的快车道，全省共有各类传统工艺类企业和经营业户92000多个，年营业收入810多亿元，利税92亿元，直接从业人员230多万余人，有利于促进文化消费、扩大就业，为山东的经济发展注入新的活力。

◎ 非遗进校园播撒传承的种子

学校是弘扬优秀传统文化的重要领域，在非遗传承与保护过程中，各地加强学生群体对民族优秀传统文化的认同感和自豪感，深耕非遗传承的土壤，播洒非遗传承的种子。通过设立"山东非遗传习大课堂"，开展"非遗进校园"系列活动，加大资金投入，建立非遗教育传习基地，邀请非遗承传人走进校园定期授课，让学生们近距离感受传统民俗文化的韵味，接触传统手工艺的精妙，培养学生对传统文化的兴趣，更好地传承弘扬山东省非物质文化遗产，让非遗保护传承借助教育平台延续。

◎ "非遗文化月"品牌推动非遗融入现代生活

山东省十二届人大常委会第十六次会议表决通过了《山东省非物质文化遗产条例》，规定每年的农历腊月二十三至次年二月初二为"非物质文化遗产月"，利用传统节日相对集中的时间，开展多种形式的展示活动，以推动非物质文化遗产融入现代生活。2016年"非遗文化月"期间，全省共开展各类活动760多场（次），参与观众1590万人（次），各种非遗项目借春节假期集中亮相，为节日增添喜庆气氛的同时，也增加了非遗项目自身的知名度。

延伸阅读

"咯噔、咯噔……" 1月25日上午，阳光晴好，青州古城偶园大街上，几位身着古代铠甲战袍的将士骑着高头大马，次第从街上行过。这一极富历史韵味的场景让游客纷纷驻足拍摄。不多时，一群身穿古代衙役服饰的仪仗队肩扛大锣，手持"肃静""回避"木牌走了过来；片刻，一台装饰华丽的花轿出现在人们眼前，新娘一身凤冠霞帔，将几百年前青州府最常见的婚嫁风俗一一展现出来。

这是青州市非遗精品项目展演的一角，也是青州市众多年俗活动中的一项。以非遗文化为线索的《青州古城寻古韵》在中央电视台10套科教频道正月初九首播、正月初十两次重播。在长达近1个小时的专题报道中，青州花毽、挫琴、红丝砚制作技艺、隆盛糕点制作技艺、焚香烙画、抖空竹、扑蝴蝶等近30个非遗项目整体亮相央视大平台，青州非遗保护与传承引发全民关注，并受到了普遍好评，社会反响巨大。

文脉再续，古韵新生

　　文化是一个民族的血脉和灵魂，积淀着最深层的精神追求，世界历史上的四大古文明中的古印度、古埃及、古巴比伦三大古文明都消失了，只有中华文明5000多年连绵不断、生生不息。特别是由孔子创立、孟子发扬光大的儒家文化，2500多年来历经千载而不衰，历尽沧桑而弥新，不仅成为中华文化的主干、塑造了中华民族的基本性格，而且跨越国界、润泽四海，成为东亚文化的主要标志。山东是齐鲁文化发源地和儒家文化的摇篮。党的十八大以来，山东省融齐文化讲求革新、鲁文化尊重传统于一体，在传承中创新，充分发挥地域优势，利用传统文化资源，以传统之儒韵纯化民风，以儒家修身治国理念匡正领导干部，营造政治清风。

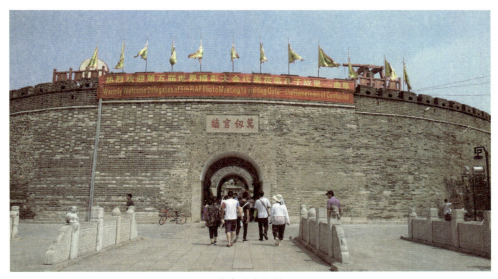

曲阜孔庙宫墙

　　◎ 发挥地域优势，打造传统文化传承示范区
　　曲阜是中国古代伟大的思想家、教育家、儒家学派创始人孔子的故里，被誉为"东方圣城"。2016年，曲阜优秀传统文化传承发展示范区成功列入

曲阜文化建设示范区

国家"十三五"规划纲要，成为文化领域列入国家规划的两个示范区之一，示范区规划已编制完成，并经省政府常务会议审议通过。曲阜文化建设示范区是国家战略、是山东省文化强省建设的重要牵动、是向世界展示中华文化的代表性窗口，肩负着服务国家文化战略、推动中华文化走向世界的使命，主导着中华优秀传统文化的传承和世界儒学研究传播的话语权。

◎ 开展"六进"活动，营造齐鲁大地儒韵民风

山东作为儒家文化的发祥地，一直是中国人道德文化的"首善之区"，由于饱受传统儒家文化的濡染，山东人忠诚践行圣人祖训，也一直被称作"民族文化的长子"，在恪守中华优秀传统美德上做出表率。数千年的齐鲁文化不仅将儒家的思想、道德、伦理观念、价值导向渗透到人民群众的文化灵魂中，而且形成了独具地域特色的艺术表现形式。传承创新齐鲁文化，山东省开展"六进"活动，让儒韵进学校、进机关、进农村、进企业、进家庭、进社区，营造齐鲁大地新民风。通过设立孔子大讲堂、尼山圣源书院、儒学讲堂，将儒学的种子撒向齐鲁大地，把儒学、优秀传统文化送到村里，送到老百姓家里，种到老百姓心里，形成独具魅力的"乡村（社区）儒学现象"。目前，全省乡村（社区）儒学讲堂达到9200多个，举办各

曲阜孔子研
究院

类活动4万余场（次），参与群众500多万人（次）。中央电视台新闻联播
多次对山东传承普及优秀传统文化进行了重点报道。

◎ 干部政德教育基地，创新干部教育新模式

儒家文化文物景观和历史遗存遍布齐鲁大地，不仅是宝贵的文化遗产，
也为领导干部加强政德修养提供了鲜活的教材和物质载体。2016年，山东
省机构编制委员会办公室下发文件，正式批复同意设立济宁干部政德教育
学院，标志着山东省在弘扬优秀传统文化、加强干部政德建设方面取得了
重大突破，对于深入贯彻落实习近平总书记系列重要讲话和视察山东视察
济宁重要讲话精神、提升儒家文化研究水平、健全完善干部政德教育体制
机制、打造干部政德教育特色品牌和国家级干部政德教育培训基地起到十
分积极的促进作用。

延伸阅读　干部政德教育基地

干部政德教育基地本着以中华优秀传统文化滋养干部政德，科学安排
教学内容、设计培训体系，初步形成课堂教学、现场教学、体验教学、礼
乐教学等"四位一体"相结合的教学模式。课堂教学方面，集中山东大
学、曲阜师范大学和省、市委党校等各方面优势师资力量，打造了"儒家

文化的特点及其当代价值""传承儒家思想精髓涵养干部为政之德"等11堂专题课程；编撰出版了《政德教育读本》《读孟子养政德》等辅导教材。现场教学方面，以儒家思想的起源、发展和现代应用为脉络，以"修身、齐家、治国、平天下"为主线，依托曲阜"三孔"、周公庙、邹城"两孟"和孔子研究院等，着力开发了近20处现场教学点，分别讲述儒家仁政思想、孝道思想、廉政思想、规矩之道等。体验教学方面，在曲阜市、邹城市、泗水县等地打造了10余处"优秀传统文化传承体验村居"教学点，展现儒家思想在社会管理、乡村治理等方面的传承和运用实效。

交流展示，彰显自信

齐鲁文化尤其是儒家文化是中华文化的主干。党的十八大以来，加快推动齐鲁文化走向世界，按照"积极融入、精准发力、展示特色、打造品牌"的思路，整合儒学研究、舞台艺术、美术、文物、非遗、动漫、产业项目等资源，开展多渠道、多形式、多层次的对外文化交流活动，文化"走出去"成果丰硕。截至目前，山东省已与82个国家和地区建立了文化交流合作关系。2016年以来组织文化"走出去"团组63批491人（次），"引进来"团组277批2138人（次），使"齐鲁风韵"成为链接世界的纽带，齐鲁文化的独特魅力在异乡他国绽放光芒，进一步彰显齐鲁文化自信。

◎ 培育文化"走出去"载体，完善文化"走出去"机制

推动文化产业"走出去"，在政策支持、资金投入、资源整合等方面不断加大工作力度，为文化产业"走出去"提供保障。一方面，制定《山东省省级文化产业领域专项资金管理暂行办法》，支持具有创意的文化产业和文化企业融合发展，鼓励具有实力和特色的文化企业开拓国际市场、到境外投资，对文化出口根据类别和出口金额设定不同标准予以奖励；配合省委宣传部、省商务厅，适当降低山东省重点文化产品和服务出口企业认定门槛，扩大支持范围，每年安排财政专项资金对认定企业进行奖励；出台《关于转变财政投入方式支持文化企业扩大银行融资的实施意见》，推

动建立信贷项目库，对于文化产品和服务出口企业优先纳入项目库，并给予重点倾斜；支持扩大山东省文化发展投资基金和山东省鲁信文化产业发展投资基金规模，完善机制、扩大参股范围，对于外向型文化企业优先纳入项目库，并向基金公司重点推介参股支持。另一方面，扶持壮大骨干企业，培育文化"走出去"载体；抓好重点文化企业这个主体，鼓励有条件的企业集团，通过独资、合资、参股、并购等多种方式在国外兴办经营实体，实现海外落地经营，努力开拓国际市场；支持山东友谊出版社有限公司实施尼山书屋"走出去"工程，努力搭建中华文化、中国出版"走出去"的重要平台，截至目前已有19所海外尼山书屋落地，该项目已被列入国家新闻出版广电总局"一带一路"重点工程。此外，积极鼓励实力较强的鲁商集团、鲁信集团、浪潮集团等大型企业集团加大对文化板块投资力度，支持开拓海外市场，支持民营文化企业"走出去"，广泛调动社会团体和民营文化经营者的力量，不断壮大山东省文化"走出去"队伍。

延伸阅读　*尼山书屋*

　　尼山书屋创建于孔子出生地尼山脚下，是山东省文化厅和山东友谊出版社共同打造的中外文化交流、合作的重要平台。它收藏和展示的是反映世界文化文明成果的优秀图书。目前，已在马耳他、俄罗斯、澳大利亚、新西兰、波兰、美国、瑞典、韩国等国家设立了19所尼山书屋，深受各国读者欢迎。

◎ 融入"一带一路"文化战略，展示齐鲁文化风韵

　　积极推动齐鲁优秀文化走出去，提升山东的知名度和影响力，对港澳台文化交流日趋活跃。成功举办"香港·山东文化创意产业与授权工作坊""艺海同舟——港澳台鲁名家邀请展"，省京剧院赴香港参加"香港、内地京昆青年演员展演"活动；成功举办"好客山东"洛杉矶旅游展；成功举办"2016韩国·中国山东文化周"，组织开展"汉魏遗韵——中国山东古代碑刻拓片展"、儒乡雅韵文艺演出、尼山书屋赠书仪式等系列活

动；"2016新加坡·中国山东文化年"圆满落幕，"万世师表——孔子文化展""金声玉振乐舞晚会""美丽山东摄影图片展"等活动引发热烈反响。为贯彻落实《山东省参与建设丝绸之路经济带和21世纪海上丝绸之路实施方案》和《文化部"一带一路"文化发展行动计划（2016～2020年）》，山东省制定出台了"一带一路"齐鲁文化丝路行的实施意见，有力地促进山东与沿线沿岸国家、地区的文化交流。澳洲师生齐鲁文化行，齐鲁文化走进东盟，山东与埃及、非洲等国家的文化交流都为"一带一路"注入文化生机。

◎ 海外"欢乐春节"，共度"中国时间"

积极参加文化部海外"欢乐春节"活动，2016年山东省共派出18批251人（次）赴泰国、英国、德国、日本等14个国家和地区的20个城市参加"欢乐春节"活动；2017年1月4日到3月25日山东省派出10批131人（次）分别到7个国家和地区的15个城市举行文化交流活动，在中国传统新春佳节期间组团"拜年"，与华侨华人及世界各国朋友共度"中国时间"，受到我驻外使领馆的高度评价和当地民众的热烈欢迎，展示了齐鲁文化的魅力。

红色文化，弘扬精神

山东既是孔孟之乡、礼仪之邦，是儒家文化发源地、中华文明重要发祥地，更是一个以红色革命文化基因著称的省份。革命战争时期的齐鲁大地，在血与火的熔炼中，铸成了伟大的沂蒙精神、胶东精神、老渤海精神，同时也留下了铁道游击队、地雷战、苦菜花、小推车、红嫂、沂蒙六姐妹、马石山十勇士等红色符号。这些红色载体和红色符号既是中华民族精神的历史延续，也是我们党的性质和宗旨的生动体现。尽管硝烟弥漫的革命岁月早已远去，但革命文化的丰富历史内涵和重要时代价值却历久弥新。党的十八大以来，山东以创新发展的理念，打造红色名片，延续革命精神，以红色文化为主题唱响社会主义先进文化的主旋律。

◎ 主题庆演圆满举行，红色精神历久弥新

2016年是中国共产党建党95周年，抗日战争胜利70周年，长征胜利80周年，各地市积极开展庆祝纪念演出活动，通过形式多样、内容丰富的文化庆祝活动，再现往昔峥嵘岁月，重温红色精神。临沂庆祝建党95周年跨界舞台剧《沂蒙组歌》，展示沂蒙精神的根与魂，沂蒙人民爱党爱军、艰苦奋斗、开拓奋进、无私奉献的精神得到充分展现；乳山的吕剧《乳娘》是一部大型原创红色题材剧，一经问世就受到了社会广泛好评，先后荣获山东省文艺精品工程和泰山文艺

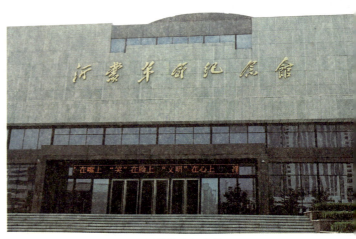

沂蒙革命纪念馆

奖，被评为山东省京剧和地方戏十大重点保护剧目。2016年历经3次改造提升的《乳娘》，作为全国唯一一个县级院团选送节目首次登上中央电视台。这些扎根于生活的创作，再次激活了红色记忆，凝练了区域红色精神品格，激发了干部群众作风转变，也赢得了社会的广泛好评。

◎ 红色文化产业带动区域经济

红色文化资源不仅仅是红色精神的传承，还是带动区域经济发展的引擎。山东各地市积极拓宽红色经济，将红色资源与文化产业相结合，走出了一条红色文化内涵挖掘与产业培植并举的道路。山东沂蒙红色影视拍摄基地位于临沂市沂南县马牧池乡常山庄村，占地2000亩，是一处集红色旅游、绿色养生、影视拍摄、红色教育体验、餐饮娱乐等功能于一体的国家AAAA级休闲度假景区。在百年老屋的基础上，建起了"中国红嫂革命纪念馆""人民子弟兵将帅纪念馆""跟着共产党走纪念馆"。参照20世纪20年代风格，建起一座专供影视拍摄的沂州城，可接待1000名大学生的"沂

相关链接

> 沂蒙红色影视基地已拍摄《沂蒙》《红高粱》《斗牛》《铁道飞虎》等160余部影视剧，被誉为"山村好莱坞，明星聚集地"；有全国妇联、山东省关心下一代委员会、临沂大学等60多个党、政、军机关团体及厂矿企事业单位前来挂牌，承接各类培训班2000多个批次，带动前来参观学习的各地党员干部达80多万人（次），年接待游客50余万人；先后被山东画院、扬州大学、临沂大学等70余所院校挂牌确定为"红色写生教育基地"。

蒙红色写生基地"和总建筑面积为2万平方米的"龙嘴湖游乐区"和服务设施齐全的影视服务中心。

乳山整合周边旅游资源，从过去的主打"观光休闲游"过渡到"红色文化精品游"，有力地推动了当地旅游产业的规模化发展。目前，乳山已经规划了占地20平方公里的马石山红色旅游风景区，修缮了"胶东育儿所""胶东军区卫生部四所"等革命遗址，还将陆续复原"胶东八路军兵工厂""胶东特委"等遗址。形成综合性旅游产业链，打造红色体验及休闲度假一站式旅游目的地，形成地域特色鲜明的红色文化旅游品牌。

八、社会治理　和谐安定

　　加强和创新社会治理，是人民安居乐业、社会安定有序、国家长治久安的重要保障。党的十八大以来，党中央针对新形势新任务新要求，不断创新社会治理思路举措，完善体制机制，全方位提高人民群众安全感。山东省委、省政府全面贯彻落实中央决策部署和习近平总书记关于社会治理的系列指示精神，坚持在继承中创新，在开拓中前进，不断加强和改善党对治理工作的领导，着力提高社会治理能力，加快建设更高水平的平安山东。

多元主体，协同共治

　　社会治理的本质是通过对涉及广大人民群众共同利益的调整来维护最广大人民群众的根本利益。社会公众是社会治理的主要利益相关者，社会治理必须构建党委、政府、社会、公众多元主体协同治理的局面。省委、省政府着眼于构建全民共建共享的社会治理格局，加快完善党委领导、政府主导、社会协同、公众参与、法治保障的体制机制，促进政府治理和社会调节、居民自治良性互动，全省社会治理能力不断提升，涌现出了一批创新社会治理的典型。济南市天桥区"两网融合，三社三化"体系，入围2016全国创新社会治理最佳案例；菏泽市"基层综治工作规范化建设"入围2016全国创新社会治理优秀案例。青岛西海岸新区"网格化社会治理体系建设"、寿光市洛城街道"东斟灌乡村治理模式"——

基层党组织核心引领下的民主自治案例入围2015全国创新社会治理最佳典型案例；菏泽市"三调联防、多条联动模式"入围2015全国创新社会治理优秀案例。

◎ 济南市天桥区"两网融合，三社三化"体系

天桥区是山东省会济南市的四大中心城区之一，辖15个街镇，常住人口69万，流动人口近50万。天桥区交通枢纽多、各类专业市场密集，又曾是济南老工业基地，社会治理的任务繁重。2015年以来，天桥区不断学习先进经验做法，积极探索完善基层治理路径，坚持共治共享理念，以问题为导向，创新社会治理方式，初步形成了基层党组织网络、社会治理网格"两网融合"的工作格局，社区、社会组织、社会工作者"三社联动"的组织体系，网格化、网络化、社会化"三化推进"的运行机制。健全社会治理网格，实现社会治理事项全覆盖；健全基层党组织网络，发挥党组织的领导作用，解决谁来治理的问题；推进"两网融合"，把事和人有效结合起来。搭建以社区为平台、以社会组织为载体、以社会工作人才为骨干的"三社联动"社会治理组织体系，完善网格化管理、推进网络化覆盖、汇聚社会化力量，形成"三化推进"社会治理运行机制，增强了基层治理工作活力，实现了"人有归属、事有人管"。

◎ 东斟灌乡村治理模式

寿光市洛城街道东斟灌村党支部积极探索基层治理之道，大力践行群众路线，充分引导广大农民参与乡村治理，推行了"自主议事、自治管理、自我服务"的村级"三自"治理模式，走出了一条新形势下村级民主管理的新路子，为基层治理能力现代化建设提供了鲜活样本。其做法可概括为"三句话"：第一句，群众的事让群众明白，享有知情权；第二句，群众自己的事自己干，享有参与权；第三句，群众自己的事自己定，享有决策权。真正还权于民，群众的事情群众办，群众的事让群众自己议、自己定，让群众说服群众，让群众形成决议。

群众的事自己议

创新社会治理的核心即是在党委领导下统筹政府主导、社会协同和公众参与，形成多元主体相互促进、相互监督的良好态势。在这四维格局中激发公众的主体意识，依法保证公众的知情权、参与权、决策权和监督权，调动公众的参与热情极为关键。各级党委、政府从健全完善"提议—决策—执行—监督"四元化管理机制入手，构建了"群众提、民主议、依法办、大家督"的基层协商民主模式，丰富和发展了协商民主。如济南市槐荫区"一平台、两中心、三化"的基层协商民主模式，一平台即社会治理综合信息服务管理平台，两中心即便民服务中心、综治工作中心，三化即社会化服务、网格化管理、信息化支撑。槐荫振兴街街道探索推行"九步工作法"。2016年，槐荫区坚持基层协商民主，推行"百姓点菜、政府买单"，累计投入2亿元实施了300项公益事业"一事一议"财政奖补和民生事业参与式预算项目，29个村的乡村连片治理、42个村的环境综合整治和1341栋居民楼"双气通"工程得到社会各界的高度认可。

九步工作法

　　"九步工作法"，即征、议、审、放、行、评、销、公和档。"征"即征求民意；"议"即民主评议；"审"即审议决定，达成共识；"放"即完备项目审批、执行等手续，下放社区执行；"行"即项目执行推进；"评"即项目评价，形成绩效评价报告和资金使用情况报告；"销"即一事一结，实报实销；"公"即公示公开，民主监督；"档"即资料归集、留档备查。

延伸阅读 　槐荫区参与式预算项目

　　参与式预算建设项目：2016年，区财政投入4800万元，年内完成一批参与式预算建设项目，同步规范参与式预算资金安排使用程序，由区财政局、各街道办事处负责。按照"三上三下"的模式，全区确定190个建设项目。目前已完工170个，完成投资4600万元。

　　乡村连片治理项目：2016年，区财政投入3200万元，重点实施鲁唐、北王等村的连片治理项目，改善农村生产生活环境，由区财政局、农发局、有关街道办事处负责。按照年初制定的工作计划，槐荫区"乡村连片治理"试点项目全部完工，累计投入资金3116.37万元。

治安防控，平安先行

　　"深化平安建设，完善立体化社会治安防控体系"是党的十八大作出的重大战略部署。《山东省国民经济和社会发展第十三个五年规划纲要》指出："创新立体化社会治安防控体系，建立健全协调联动机制，加强基层综合服务管理平台建设，严密防范、依法惩治违法犯罪活动，依托现代信息技术实施立体监控和严厉精准打击。贯彻落实总体国家安全观，深入开展反恐怖、反邪教、反渗透斗争，坚决维护国家安全和社会政治稳定。依法加强对互联网、新媒体的监管，强化舆情监测和应对，提升社会心理服务、疏导和危机干预能力。"立体化信息化社会治安防控体系建设一直是山东公安的亮丽名片，公安机关始终将其作为"平安建设"的骨干工程，重点强化基础要素管控、网络社会防控、警务云建设，不断打造立体化、信息化社会治安防控体系升级版。

打造顶级警务实战指挥体系。大力推进指挥长机制建设，增强指挥中心的专业性、权威性。建强省、市、县三级实战型指挥中心，在基层所队设立勤务指挥室，形成上下联动、快速高效的实战指挥体系。

打造最佳实战勤务机制。完善网格布警、动中备勤机制，在重点区域实行武装特警定点巡防，在空中织密智能视频监控系统，形成点线面结合、内外部联动的立体防控格局。

打造牢固基础要素动态管控。强化易制爆危险化学品排查管控，督促寄递、物流企业落实安全防范主体责任，推动建立多部门共同参与的安全管理联动长效机制。

打造智能网络安全防控体系。深入开展网上公开巡查执法，严打整治网络违法犯罪，积极推进网络安全等级保护和通报预警工作，实现网络安全风险动态感知、及时防范、有效化解。

为提升动态化、信息化条件下公安机关驾驭社会治安局势的能力和水平，公安机关创新完善地面、地下、空中、海域、网络"五位一体"的立体化社会治安防控体系，开展视频监控全覆盖工程建设，全省视频监控探头达286万个，实现了重点部位、重点区域全覆盖。山东公安机关以科技、法治、群众参与等各种手段有效提升社会治安防控水平和治安治理能力，以科技手段破解社会治安防控现实难题，将大数据云计算技术与公安工作相结合，创新建设大数据警务云计算平台，推动传统警务向"数据警务"转变，在各市区公安机关的创新实践中，人、地、物、网……越来越多的信息以大数据的形式被集中储存、分析，一批又一批科技成果正在不断转化为治安防控的核心战斗力。目前，省级公安云计算平台服务器达到505台，应用系统达160个，日均提供服务40余万次，创新推出"警务千度"、公安早八点、移动警务等应用，信息化引领实战、服务实战、支撑实战能力明显增强。例如，在平邑县，居民可以使用电视遥控器向所在村（社区）治安值班室进行"一键报警"求助。公安机关通过法治手段预防遏制了大量侵犯公民个人信息犯罪活动，从源头上减少了发案数量，维护了社会正常秩序。公安机关通过鼓励多方参与、共同治理，充分调动起了社会力量在平安建设中的积极作用，在实践中为创新完善立体化社会治安防控体系提供了强大的力量。

为深化大数据警务云计算建设应用，省公安厅专门成立科技信息化委员会，加强对公安信息化建设的组织领导和顶层设计，确定全省公安信息化建设"三个一"的总体思路，以一个"云计算平台"整合系统应用，以一个"大数据中心"汇集信息资源，以一个"基层警务工作门户"实现一站式应用，着力解决基础信息采集、共享、使用等方面的问题，形成"一个门户"采集、"一个中心"存储、"一个平台"支撑，

微博警务室

以警务综合、侦查打击、督察监管、民生服务等主题应用为引领的大数据应用服务模式，着力打造齐鲁"数据警务"品牌。

延伸阅读 移动警务应用平台

随着"互联网＋"理念持续深化和普及，2014年以来，山东省公安厅积极探索、勇于实践，全力打造移动警务系统建设应用新模式，以云计算、大数据、核心加密等13项前沿技术为支撑，建设移动警务应用平台，攻克了公安信息安全交互、应用资源共享、虚拟化应用等难题，研发的开放式服务、安全接入融合、虚拟化应用、二代居民身份证解析等移动应用功能走在了全国前列。2014年以来，省公安厅围绕智能化搜索比对、信息服务交互等应用需求，研发了"警务千度"、人员核查、人像比对、信息

查询、警务微信、信息推送等63个基础综合移动应用和证件解析等5个移动应用功能组件。济宁、潍坊、烟台、东营、泰安、滨州、枣庄、淄博等市结合本地公安工作应用需求，与省公安厅研发同频共振，依托全省统一的移动警务支撑平台，开发了信息采集、移动执法办案、110接处警等86个APP应用，全省移动警务初步形成"根深、干强、枝繁、叶茂、果多"的建设应用格局。民警应用热情日益高涨，实战效能更加明显，民警工作逐步由脚上"奔波劳顿"转向指间"方寸掌控"。

 关键词

警务微信：警务微信为民警开辟了业务交流、工作交互的新路径，以文字、图片、语音、视频等多种通信功能和强大的安全保密性能，以及应用下载、警友圈、公众号、实时对讲、阅后即焚等特色功能，得到了基层民警的广泛应用。

移动"警务千度"：移动"警务千度"规模化应用效能凸现，民警在智能搜索框中只需简单输入模糊身份证号码、姓名或手机号码等任意信息，或通过NFC扫描二代身份证、拍照识别身份证号码、汽车牌照等手段，可实现一次性查询，快速展现40余种关联信息，全警日均应用13万次。

移动人像比对应用系统：移动人像比对应用系统提升了民警工作效能，基础工作中采集的人员照片通过与人像数据库快速比对，几秒钟内可视化展现比对结果。仅2016年，民警就利用移动人像比对应用系统，锁定查控重点人员257人。

移动警务虚拟化应用：移动警务虚拟化应用减少了移动警务软件开发的繁琐性，能够把公安网Windows应用（C/S）、Web应用（B/S）等应用系统直接无缝平移到移动警务终端上，可快速访问公安网页和办公应用、警务综合等应用系统，直接调用公安网认证服务。

二代身份证核查比对系统：二代身份证核查比对系统利用NFC近距离无线通信技术，具备方便、快捷、准确、价格低廉等特点，支撑全警信息采集和二代身份证信息核查比对。

社会组织，规范有序

　　社会组织是社会治理的主要主体之一，社会组织的规范健康有序发展是推动良性互动的协同社会治理新格局的重要保障。省委、省政府积极贯彻落实党中央关于推动社会组织发展的有关决议，结合实际情况，采取综合措施，推动社会组织规范健康有序发展，全省逐步形成了结构合理、功能完善、竞争有序、诚信自律、充满活力的社会组织发展崭新格局，在推动全省经济发展和社会治理中起到了不可代替的重要作用。截至2017年6月底，全省各级共登记注册社会组织4.76万个，其中社会团体1.75万个，社会服务机构3万个，基金会154个，涵盖科学、教育、文化、卫生、法律、慈善等各个领域。2014年至2016年，全省共安排7000万元财政资金，用于重点扶持服务经济社会发展、管理运作规范、社会效益突出的社会组织；2016年，山东省财政安排了2000万元的社会组织发展资金，其中1400万元用于奖励在两批社会组织等级评估中获得3A等级以上和服务经济社会发展作用发挥突出的161家全省性社会组织，600万元用于支持市县社会组织发展。省民政厅、省财政厅印发了《2017年山东省社会组织发展资金项目实施方案》，明确2017年全省社会组织发展项目资助范围和资助数额等内容。在省级社会组织发展项目方面，对社会组织创新示范点创建项目、初创期全省性公益社会组织培育项目、社会组织人才队伍建设项目及对推动我省经济社会发展尤其是在新旧动能转换、制造业发展和扶贫工作等方面有突出贡献的省级社会组织发展项目给予资金资助。在市、县社会组织发展项目方面，资金将采取因素法对各市切块分配。2017年，全省将重点支持市、县社会组织服务平台建设，每市遴选不少于2家社会组织服务平台，根据进驻社会组织个数和吸纳就业人数，给予每处不超过10万元的奖补资金；重点支持符合一定条件的初创期公益社会组织，每家给予不超过5万元的扶持资金；重点支持参加与行政机关脱钩试点工作的行业协会商会；重点支持承接过政府购买服务的社会组织。省委办公厅、省政府办公厅印发了《关于改革社会组织管理制度促进社会组织健康有序发展的实施意见》，明确指出，重点培育优先发展行业协会商会，费随事转支持社会组织提供公共服务，重要行业协会商会试行委派监事制度。为推动社会组织积极提供公共服务，2016～2020年，省级财政对符合一定条件的社会组织和社会组织综合服务平台给予一次性扶持或奖补，逐步完善公共财政对社会组织的扶持机制；允许社会组织以其管理使用的公益设施以外的财产抵押贷款，用于自身业务发展。

延伸阅读　汶上县心理学会举办"A9包项目"总结会

　　2016年12月24日下午，汶上县心理学会"A9包项目总结会暨周建民先生精神分析课程"在汶上县社会组织创业园三楼会议室召开，对2016年省级财政支持和购买社会组织公益慈善示范项目之特殊社会群体心理疏导（A9包）项目实施情况予以回顾总结，并邀请济宁市精神分析专家周建民先生现场讲授专业课程，对会员进行后续培训，以进一步提高会员提供社会服务的能力和专业水平。自2016年5月"省级财政支持和购买社会组织公益慈善示范项目之特殊社会群体心理疏导（A9包）项目"实施以来，汶上县心理学会组织团队心理咨询师36人共组织留守儿童亲子团体心理辅导活动36场，并为全县600名留守儿童进行了心理测量、个体心理辅导和注意力训练；为全县200名社区服刑人员提供专业化、系统的心理咨询服务，其中包括心理测量、个体心理咨询，提供社区服刑人员团体心理辅导以及主题心理健康讲座16场次。同时结合社会需求，共提供残疾人、老年人等其他特殊社会群体心理服务10余场。

　　济南市天桥区不断深化"五位一体"社会治理机制，积极探索把社会组织纳入"五位一体"社会治理体系的路子，更加主动地利用社会组织的资源力量服务、团结、引导群众。区和街道成立社会组织服务孵化中心，社区成立社会组织服务办公室。一方面，多渠道培育孵化壮大社会组织，着力推进"三个一批"，即发挥工会、团委、妇联的工作优势，培育转型一批；挖掘辖区资源，对有成长性的小微社会组织下大气力壮大一批；拓宽视野，引办一批品牌社会组织，持续壮大社会组织的规模，通过一系列的有力措施，社会组织蓬勃发展，目前注册的有260家，备案的450家。2015年以来，全区新增注册登记的社会组织68家，备案的170家。仅工人新村北村街道毕家洼西区社区就有"志愿者协会""文明监督协会""红白理事会"等22个社区社会组织。另一方面，积极搭建社会组织参与社会治理的载体，在全区138个城市社区全部成立社会组织联合会，建立起党组织领导下的居委会主导、议事会支撑、共建会配合、社会组织联合会协同的联席会议制度，支持社会组织参与社区治理，共同商讨研究社区事务。在此基础上，探索建立了"多方参与，二维协商"工作平台。多方参与，即街道社区、社会组织、居民代表、"两代表一委员"、公共服务提供者等多方力量都纳入协商民主的主体范畴，共同参与。二维协商，即纵向议事协商和横向参与式协商。纵向上，居民自治组织、社区、街道三级机构，由下至上，按照权限和解决问题能力分别发挥作用。横向参与式协商，即社区党组织发挥主导作用，根据不同居民诉求和具体事务，分别对接不同的居

社会组织公益项目展评

民自治组织和公共服务资源，共同参与解决相应问题。加强对社会组织的服务管理，规范社会组织的登记、备案、年检、查处等流程，完善社会组织管理机制。加强社会组织党组织建设，把社会组织纳入区域化党建，扩大党的工作覆盖面，指导社会组织健康有序发展。

延伸阅读　泰安"平安协会""四调联动"多元化解矛盾纠纷

泰安市在平安协会自发调处矛盾纠纷的基础上，科学整合平安协会参与化解不同层级的矛盾纠纷。市县两级依托涉法涉诉信访工作室，吸收经验丰富、威望较高的协会会员组成调处化解矛盾专家库，采取"一案一策一站式双联动"的办法，调处化解重大疑难纠纷和案件；乡镇街道矛盾纠纷排查中心吸收平安协会"三老"会长、副会长为副主任，化解村级解决不了的矛盾纠纷；村居吸收平安协会会员为人民调解员，调处化解一般的矛盾纠纷。加强诉调对接、检调对接、警调对接，整合人民调解、司法调解、行政调解和协会的民间调解"四调联动"，形成了多元化解矛盾纠纷的新机制，大大减少了矛盾纠纷进入信访和司法渠道的流量。

公共安全，防范治理

山东省认真贯彻习近平总书记关于维稳工作的指示精神，牢固树立安全发展理念，紧紧围绕保稳定、护安全、促和谐的目标要求，突出抓好源头教育防控、稳定风险评估、维稳机制建设等各项工作。特别是对群众反映的利益诉求，努力做到诉求合理的解决到位、诉求无理的思想教育到位、生活困难的帮扶救助到位，及时解决好影响社会稳定的突出问题。坚持预防为主，关口前移，把信息预警前移到了第一线，确保各类不稳定因素第一时间发现、第一时间掌控、第一时间调处，有效地维护了社会公共安全。以安全生产为例，省委、省政府不断加强对安全生产工作的组织领导，印发《关于加强全省油气管道安全监管和开发区安全生产监管工作的通知》；

明确安全生产各主体责任，修改《山东省生产经营单位安全生产主体责任规定》，出台《山东省安全生产巡查制度》；开展安全生产隐患排查整治行动，先后组织检查33.2万次，全省累计排查隐患241.5万项；建立风险管控和隐患排查治理体系，出台《山东省安全生产风险分级管控体系通则》和《山东省生产安全事故隐患排查治理体系通则》；强化重点行业领域安全监管，制定《山东省标本兼治遏制重特大事故工作指导方案》；推动安全生产基层基础建设，编制印发《山东省安全生产工作100法》；推进安全生产网格化管理，深入开展职工群众性安全生产活动，发挥工会、共青团、妇联、行业协会、行业组织、安全生产专家作用，强化舆论和社会监督，落实社会各界配合、参与和支持安全生产工作的责任和义务，健全安全生产群防群治工作机制，等等。2016年，全省共发生各类生产安全事故2835起、死亡1755人，按可比口径，较上年分别下降8.2%和3.7%；发生较大事故39起、死亡173人，较上年分别减少10起、39人，全省安全生产形势稳定好转。

延伸阅读 "平安中国"山东行

山东省副省长、省公安厅厅长孙立成在参加公安部"平安中国"系列网络访谈中，指出：我们牢固树立生命至上、安全发展理念，全面加强道路交通、消防、危爆物品安全监管。在道路交通安全管理方面，深化"平安行·你我他"行动，推进基层道路交通安全管理网络建设，1827个乡（镇、街办）建成交通管理服务站，配备8.9万余名交通安全协管员，全省发生道路交通事故起数、死亡人数、受伤人数同比全面下降。在消防安全管理方面，加强火灾隐患排查整治，去年全省共检查单位35.7万余家次，整改隐患28.7万处，全省83.8%的重点单位、48.7%的街道和社区建成微型消防站。在危爆物品安全管理方面，对爆破作业单位进行资质评审，督促整改各类安全隐患1800余处。分重点、分类别、分层次开展涉枪涉爆隐患排查，共收缴各类爆炸物品3万余公斤。

城乡社区，网格管理

社会治理的重心在城乡社区，加强社会治安综合治理基层基础建设，完善综治工作体制机制和经费保障体系，是深化平安建设的根本所在、关键所在。山东因地制宜、点面结合，充分运用现代信息技术，建立"互联网＋社区治理"工作模式，整合社区各类相关数据，建立社区治理"大数据"中心，探索建立全覆盖、无缝隙的网格化管理体系，不断推进城乡社区网格化管理服务的精细化、动态化和信息化。东营市健全完善以社区为平台、社区社会组织为载体、社工专业人才为支撑、社区志愿者为补充的"四社联动"工作机制，初步形成"四社"资源共享、优势互补、相互促进的良好局面，有力推进了社区治理模式的创新实践。枣庄市以区域网格化为目标，推进服务网络"全覆盖"；以管理精细化为目标，推进信息统筹"全时空"；以创建实体化为目标，推进安全隐患"全化解"；以服务规范化为目标，推进工作保障"全方位"，全面部署开展社区网格化管理工作。青岛市市北区针对社区居民多元化的服务需求和各类社区治理难题，以社区（或居民小区）为基本单位，全面推动"互联社区"信息平台建设，在服务保障民生、加强社区协商、畅通诉求渠道、促进社会和谐方面探索出了一条符合区情的新路径，推动"互联网＋"与社区建设深度融合，实现了社区治理水平和居民满意度的双提升。

2015年，青岛西海岸新区"五化四实"网格化治理体系建设获评全国创新社会治理最佳案例奖。所谓"五化"即多元化参与、网格化巡查、信息化支撑、社会化服务、法治化保障。多元化参与——建立了"一组、一办、一中心"的工作架构，在全国率先成立了社会治理专门工作机构："一组"即社会治理工作领导小组，由区委书记任组长；"一办"即社会治理领导小组办公室；"一中心"即社会治理信息中心。网格化巡查——将全区划分为城市网格、村改居网格、农村网格、企业网格和特殊网格5种类型、1549个网格，科学规范社会治理六大领域，即信访稳定、社会治安、纠纷调解、民生服务、安全生产、城市管理领域。信息化支撑——顺应互联网、大数据带来的社会变革，建立起"互联网＋社会治理"工作模式，整合社会治安、信访、城管、安监、民政等各类相关数据，初步建立起200多万条信息的社会治理"大数据"中心。社会化服务——将区长公开电话、民生在线等统一整合到社会治理信息中心，在区、镇街、社区建立了三级服务平台。法治化保障——在全国率先设立了安全生产审判庭及安全生产检察室，有效快速处置安全生产案件；整合城市管理、国土资源、海洋渔业、交通运输、文化市场、环境保护六大领域执法职能和六支队伍，组建综合行政执法局，构建起权责统一、权威高效的综合执法体制。"五化"是新区社会治理的工作方法，"四实"是目标，就是通过"五化"共治，努力做到让社会治理工作责任压实，问题处置更扎实，基层基础更夯实，让群众心里更踏实。

公共信用，共建共享

按照中央推进信用体系建设的政策部署，全面启动"信用山东"建设，以健全信用法律法规和标准体系、形成覆盖全省的公共信用信息平台为基础，以推进诚信文化建设、建立守信激励和失信惩戒机制为重点，以推进行业信用建设、地方信用建设和信用服务市场发展为支撑，大力实施政务信息公开、信用示范城市创建、区域信用合作、小微企业和农村信用建设、信用人才培养、信用山东文化品牌创建等系列工程，真正让守信者一路畅通、让失信者寸步难行。目前，全省信用体系建设在平台建设、商务诚信建设、社会信用建设、数据共享、联合奖惩、试点示范等方面取得了积极成效，覆盖全社会的信用奖惩大格局

"信用山东"宣传海报

正在加快形成，基本上实现了信用信息的互联共享，构建了联合奖惩制度，行业信用体系建设成效显著，社会信用试点示范走在全国前列，信用监管格局正在加快形成，且公共信用信息管理立法即将发布。"信用山东"网站上线以来运行良好，网站总浏览量已突破50万人次，开放服务平台、共享交换平台、信用信息管理系统、用户实名认证系统等已投入使用；大力推进信用大数据归集，全省累计归集信用数据量超过4300万条，归集"双公示"信息190万条，企业法人公共信用数据库已基本建成，拥有对外提供信用查询报告的能力；升级优化了"国家企业信用信息公示系统（山东）"，对全省工商系统行政处罚信息进行集中公示公告；部门协同机制初步建立，重点领域失信"黑名单"信息实现及时共享。

省社会信用体系建设联席会议办公室印发了《2017年山东省社会信用体系建设工作任务及分工》，从加强社会信用法规制度和标准体系建设、完善统一社会信用代码制度、推进信用记录建设和信用信息归集共享、完善守信联合激励和失信联合惩戒制度、加快推进重点领域诚信建设、推动开展社会信用体系建设试点和示范创建活动、加强诚信宣传教育和诚信文化建设、引导社会力量参与信用建设、加强组织领导九个方面，明确了全省社会信用体系建设工作的具体任务和责任主体，为全省社会信用体系的建设作出了详细的部署。省人力资源和社会保障厅印发的《山东省企业劳动保障守法诚信等级评价实施办法》，将守法诚信分为A、B、C三个等级，明确规定了等级评价的实施主体、对象、原则、内容、标准、程序等；印发的《关于在全省人社领域开展社会信用体系建设的实施意见》，明确了人社领域信用体系建设的发展思路，提出分两个阶段全面推进人社领域信用体系建设工作。第一阶段，2017~2018年，主要从公务员及事业单位工作人员诚信管理和教育、社会保险、劳动用工、人事考试、人才工作、"双公示"工作、联合奖惩机制建设、人社信用信息平台建设等8个方面开展信用体系建设工作；第二阶段，2019~2020年，充分利用前两年累积的成熟经验和制度信息成果，把信用体系建设拓展到人社各个领域、各个层级。

九、捍卫公正　法治山东

　　全面推进依法治国是"四个全面"战略布局的重要内容，总目标是建立中国特色社会主义法治体系，建设中国特色社会主义法治国家。法治作为治国理政的基本方式，作为解决改革发展稳定深层次矛盾和问题最有效、最稳定、最根本的手段，已经成为全党、全社会的共识。党的十八大以来，山东省严格依照宪法和法律精神，全面推进依法治省，扎实推动全省各项工作步入法治轨道，努力争取在2020年之前，基本实现经济建设、政治建设、文化建设、社会建设、生态文明建设的法治化。

以人为本，科学立法

　　积极贯彻一切权力属于人民的宪法理念，将"以人为本"确立为一切工作的基本原则，倡导全省人民"共同建设，共同享有，共同发展，成为国家、社会和自己命运的主人"。山东省人大及其常委会、省内17个设区市

山东省第十二届人民代表大会第七次会议召开

人大及其常委会紧紧围绕党中央重大战略决策部署，认真行使宪法法律赋予的职权，站在适应改革发展需要和全省及全市工作大局的高点，针对经济、社会、民生、生态保护等领域开展立法，有力地推进了法治山东建设。

◎ 确立法治山东建设宗旨，规划法治行动路线

2014年8月，出台《法治山东建设纲要》，对法治山东建设工作作出部署，这是贯彻落实依法治国基本方略、全面推进法治山东建设的重大战略举措，标志着全省法治建设进入全面推进的新阶段。

2016年5月，印发《山东省法治政府建设实施纲要（2016～2020年）》，这是山东省历史上第一次以省委、省政府文件的形式，出台部署法治政府建设工作，

 相关链接

从1986年开始，山东省连续实施了6个五年普法规划、4个依法治省五年规划。30年来的普法、依法治理实践，有力地促进了全社会法治化管理水平的提升，推动了广大干部群众法律意识和法律素质的提高，为法治山东建设奠定了良好的群众基础和实践基础。

规划了今后5年山东法治政府建设的纲领目标和行动路线，对山东扎实推进科学立法、民主立法，加快推进依法行政、建设法治政府，保障和推动经济社会发展具有重要意义。

◎ 建立省级立法依据，夯实法治建设基石

高度重视普法依法治理工作，加强党委对地方立法工作的领导，不断推进地方性法规、政府规章、规范性文件和社会规范建设。依照宪法和法律规定的权限和程序，2017年2月通过《山东省地方立法法》和《山东省地方立法条例》。包含地方性法规的制定、修改、废止和解释及设区的市地方性法规的批准等在内的立法活动，充分发挥人民代表大会及常委会在地方立法中的主导作用，切实体现了人民群众的根本意志。

延伸阅读 *制定《山东省地方立法法》*

> 　　中国宪法及法律尽管对立法权限的划分、立法程序、法律解释等问题作了相应规定，但由于实践中立法权限的划分不够具体、不够明确，导致个别法规、规章与法律相抵触或者法规、规章之间矛盾冲突的现象。为了维护国家法制的统一和尊严，提高立法质量，为正确执法奠定良好的法律基石，山东省制定了《山东省地方立法法》，推进了山东省行政法规、地方性法规及规章等制度体系的完善。

◎ 加强行政执法监督，规范行政执法行为

2014年11月，第十二届全国人大常委会第十一次会议表决通过了关于修改《中华人民共和国行政诉讼法》的决定，这是该法实施24年来的第一次修改，是我国行政诉讼制度的一次重要完善。2014年11月27日，山东省人大常委会发布了《山东省行政执法监督条例》，这是山东省第一次以地方性法规的形式规范行政执法监督，可以有效防止和纠正违法及不当行政执法行为，维护公民、法人和其他组织的合法权益，促进依法行政。

◎ 加强经济法治保障，化解矛盾纠纷

2016年7月，山东省人大常委会通过了《山东省多元化解纠纷促进条例》，这是国内第一部关于完善纠纷多元化解机制、促进纠纷多元化解工作的综合性省级地方法规，具有开创性意义。该条例通过设立三大平台，即纠纷多元化解综合性服务、专业性纠纷多元化解公共服务平台、诉讼与非诉讼方式对接平台，优化配置各类化解纠纷资源，促进构建一个科学完备、高效公正的多元化解纠纷机制，引领和推动多元纠纷解决方式的健康发展。它还为纠纷当事人提供程序指引，鼓励和引导当事人尽量选择有利于修复关系、成本较低的非诉讼纠纷解决途径。全省近20%的民商事纠纷在诉前化解，其中法院新收案件增幅连续4年低于全国平均水平。

◎ 推进生态文明法治建设，开创生态文明新时代

党的十八大以来，山东省把生态文明建设摆在全局工作的突出地位，加快构建生态功能保障极限、环境质量安全底线、自然资源利用上线三大红线，全方位、全地域、全过程开展生态环境保护建设，努力开创山东生态文明法治建设新时代。

依据国家相关法律法规，山东省陆续出台了《山东森林保护条例》《山东省南水北调条例》《山东省海洋环境保护条例》《山东省大气污染防治条例》等地方性法规，极大地促进了生态文明建设，为山东省经济、社会的可持续发展提供了法治保障。山东省内部分地市也针对本市发展特色制定了各项生态环境保护条例，如济南市人大及常委会发布了《济南市名泉保护条例》，全面涵盖森林资源、水土资源、矿产资源、大气防治、环境绿化、湿地及自然保护区发展、废弃物资源化利用等内容。

延伸阅读　推行生态保护"八大制度"

深化资源型产品价格和税费改革，实行资源有偿使用制度和生态补偿制度；改革生态环境保护管理体制，严格实行环境信息公开制度、环境影响评价制度和污染物排放总量控制制度；健全生态环境保护责任追究制度和生态环境损害赔偿制度；对领导干部实行自然资源资产离任审计制度。

◎ 关注特殊群体，促进社会和谐发展

加强对社会弱势群体合法权益的保护是山东省立法的重要内容之一，按照五大发展理念和以人为本基本原则，山东省出台了《山东省预防未成年人犯罪条例》，提升弱势群体法律保障水平。各地市重点完善了社会保障立法，如《济南市保障残疾人合法权益的若干规定》《青岛市养老服务促进条例》和《威海市居民养老服务保障条例》等，以更好促进特殊群体合法利益的保护。山东省还修订了《山东省法律援助条例》，进一步降低法律援助门槛、扩大法律援助覆盖面。

关键词

法律援助

　　法律援助是指由政府设立的法律援助机构组织法律援助的律师，为经济困难或特殊案件的人无偿提供法律服务的一项法律保障制度。法律援助中所指的特殊案件是指依照《中华人民共和国刑事诉讼法》第34条的规定，刑事案件的被告人是盲、聋、哑或者未成年人没有委托辩护人的，或者被告人可能被判处死刑而没有委托辩护人的，应当获得法律援助。

聚焦民生，严格执法

　　全面推开综合行政执法体制改革，严格公正实施法律，建设法治政府。作为农业大省，山东省围绕"依法保障现代农业发展"，对粮食安全、农产品质量、食品安全监督管理、耕地保护等社会焦点作出明确规定。印发《关于做好法治政府建设情况报告工作的通知》《关于完善国家工作人员学法用法制度的实施意见》和《关于进一步把社会主义核心价值观融入法治建设的实施意见》，在民主法治改革领域取得了突出性进展。形成"四张清单、一个平台"政府权力运行体系升级，先后削减行政审批事项601项，坚持重大决策社会稳定风险评估制度，加快推进重点领域和关键环节改革。

国税局便民服务大厅

在全国首创"法律顾问＋法律专家库"的模式，省市县三级政府全部建立起法律顾问制度。

◎ 加强食品安全执法，确保"舌尖上的安全"

为保障群众"舌尖上的安全"，全省公安机关、行政执法机关和司法机关协同开展了制售有毒有害食品药品集中整治活动，严厉惩办"地沟油"、"病死猪"、"毒豆芽"、假劣药等犯罪。出台食品安全市县创建三年行动计划和农产品质量安全监管能力提升实施方案，以"食安山东"建设为统领，健全食品药品质量安全追溯体系，强化综合整治，有效遏制食品药品违法犯罪多发高发态势。

◎ 加强市场监管执行，保障产品质量安全

省工商局以涉及群众生命健康和财产安全、与群众日常生活密切相关、消费者投诉举报比较集中以及近年来抽检合格率较低的商品为重点，深入开展流通领域商品质量抽检工作。2016年商品质量抽检规模创历史新高，实行"一抽四查（即查主体、查商标、查质量、查宣传）、全面体检"的做法，实现了商品质量抽检由线下向线上延伸的突破。连续几年开展红盾维权专项行动和流通领域商品质量整治系列活动，有力地打击了销售假劣商品的违法行为，违反产品质量管理法规类举报连续3年呈现下降

 相关链接

　　栖霞市工商局整合投诉举报渠道，实现一个平台解决消费者全部投诉举报诉求。该市将原工商局12315、质监局12365、食药监局12331三部投诉维权电话整合，成立消费者综合投诉举报中心，实行投诉举报案件统一受理、统一汇总、统一调度、统一分析，实现了消费者投诉举报及时反应、快速处置，将其打造成解决人民群众最关心、最直接、最现实利益问题的平台。

　　山东省东平县工商局以"突出区域特色，大力实施商标富农战略，服务特色农业发展"为主线，把打造品牌富农作为发展现代农业的重要举措来抓，以品牌促规模，以品牌拓市场，有效地促进了农民增收。该局工作人员广泛深入地开展商标知识"进企业、进农村、进社区"活动，发放品牌建设指导书、商标注册建议书500余份，实地宣传，当面指导，引导企业、农民专业合作社走品牌强企、商标富农之路。

趋势。

◎ 加大环保执法力度，打造绿水青山

为贯彻落实国务院关于大气和水污染防治行动计划，进一步推动全省大气、水、土壤及固体废物污染防治工作，2016年山东省政府组织开展了为期3个月的全省环保专项行动，实施处罚环境违法案件8905件，同比增加28.4%，罚款5.9亿元，同比增加75.6%。

山东省对监测数据造假持零容忍态度，采用动态管控、清理设备漏洞、及时公开监测数据等措施防止造假，采取"快、准、细、狠"独立调查方式严厉打击污染源自动监测数据弄虚作假违法行为，对造假案件实施一律顶格处罚、一律移交公安机关、一律媒体曝光的处罚措施，取得了令人满意的结果。

◎ 抓好法治创建活动，优化执法环境

注重运用法治思维和法治方式解决城市治理难题，使城市既有"面子"、更有"里子"。以美丽乡村标准化建设为抓手，努力建设宜居宜业宜游的新农村，形成城乡一体发展新格局。全省有"全国法治城市"6个、"全国法治县（市、区）创建先进单位"57个、"全国民主法治示范村"175个。出台《关于完善矛盾纠纷多元化解机制的实施意见》《山东省多元化解纠纷促进条例》等一系列政策措施，全省信访部门和责任单位办理信访事项的群众满意度持续走在全国前列，协同推进法治山东、平安山东建设。

不断深化公安改革，严格执行执法办案规章制度。推行社区民警专职化，建立1名民警、2名辅警和若干网格员的"1＋

四里村派出所

2＋N"城区社区警务模式和"一村一警务助理"农村社区警务模式。持续深化户籍制度改革，放开城镇落户限制。推进受案立案制度改革，向社会公布公安机关行政审批目录清单、权利清单、责任清单、服务清单，实现执法权力动态监管。

心系群众，公正司法

◎ 牢记司法工作宗旨

以"让人民群众在每一个司法案件中感受到公平正义"为目标，山东省司法工作紧紧围绕中央"五位一体"总体布局、"四个全面"战略布局，以"公正司法、司法为民"为宗旨，忠实履行宪法和法律赋予的职责，充分发挥职能，为促进法治山东各项事业提供了有力的司法保障。

◎ 全面履行法定职责，充分发挥审判职能作用

2013年以来，山东省法院系统每年受理各类案件均达上百万件，案件办结率持续处于较高水平，且处于上升趋势，取得了良好的社会效果。2013年新收案件102.36万件；办结各类案件98.17万件，结案标的额1756亿元。其中，省法院受理各类案件6562件，办结7294件，结案标的额153.34亿元。

2014年新收案件108.7万件，办结103.3万件，结案标的额2596.6亿元，同比分别上升6.2%、5.3%和47.9%。其中，省法院新收案件6772件，办结6701件，结案标的额250.3亿元。

2015年新收案件128.2万件，结案126.8万件，结案标的额4195亿元，同比上升17.9%、22.7%和61.6%。其中，省法院新收8508件，结案8730件，结案标的额470亿元，同比上升25.6%、30.4%和87.8%。

2016年全省法院新收案件140.2万件，结案138.9万件，结案标的额4841.5亿元，同比分别上升9.3%、9.6%和15.4%。其中，省法院新收各类案件12454件，结案12273件，结案标的额567亿元，同比分别上升46.4%、

40.6%和20.6%。

◎ 依法惩治犯罪，维护国家安全和社会稳定

全省司法系统突出抓好审判执行主业，努力打造司法服务一流业绩，以扎实优秀的工作多次获得全国性荣誉称号和表彰，并涌现出以全国法院办案标兵马森为代表的大批先进典型。东营市东营区人民法院、济南市市中区人民法院、潍坊市高密市人民法院先后获得"全国模范法院"殊荣，该奖项由最高人民法院每四年组织一次评选，系国家法院系统的最高荣誉。在济南、青岛地区开展刑事案件认罪认罚从宽制度试点工作，制定了省检察机关案件承办确定机制实施办法、省检察机关检察官办案组织设置指导意见等改革文件。

 相关链接

临邑县人民法院所审结的刑事案件连续5年无一件被发还、无一件超审限、无一当事人上访、申诉和投诉，刑事附带民事案件调解率连续7年保持100%，其经验做法在全省法院推广。在全国法院首创车载式巡回审判法庭进社区、到村头公开开庭审理案件，充分发挥了"审理一案、教育一片"的积极成效。

山东华冠集团公司破产案历时8年没有审结，职工群众多次集体上访，莱芜市检察机关通过诉讼违法调查，监督纠正了低价拍卖国有资产等问题，并查处了该市中级人民法院技术室原主任赵振芳借办案之机贪污受贿犯罪案件，职工拍手称快。

最高人民法院追授王海宏"全国优秀法官"荣誉称号。王海宏生前任日照市东港区人民法院三庄人民法庭庭长。他参加法院工作23年来，始终把人民群众的利益摆在首要位置，长期工作在基层审判一线，忘我工作、不计得失，妥善审结各类民商事案件2000余件，无一信访投诉，被人民群众亲切地称为"庄户法官"。2016年他因突发心脏病抢救无效去世，年仅45岁。

◎ 加强人权司法保障，切实防范冤假错案

加强人权司法保障，坚持罪刑法定、证据裁判、无罪推定、疑罪从无、非法证据排除等法治理念，加强与公安、检察机关的相互配合，充分听取律师辩护意见，严把刑事案件特别是死刑案件质量关。2013年山东省报最高法院的死刑案件核准率达到97.5%，继续位居全国法院前列。

延伸阅读 《中国司法领域人权保障的新进展》白皮书

2016年9月国务院新闻办公室发表《中国司法领域人权保障的新进展》白皮书。白皮书约13900字，前言声明：尊重和保障人权，是中国的宪法原则，也是中国共产党、中国政府和中国人民的坚定意志与不懈追求。除前言外正文共包括4个部分，分别规定了不断健全人权司法保障机制、进一步完善人权司法保障程序、努力提高人权司法保障执行力和切实保障被羁押人合法权利。司法是维护社会公平正义的最后一道防线，司法领域的人权保障是人权事业发展的重要方面。

◎ 妥善化解民事纠纷，着力保障民生权益

积极回应人民群众对基本权益的关切，促进了法律效果和社会效果的有机统一。实施阳光信访、责任信访、法治信访，完善社会矛盾排查调处化解综合机制，坚持教育转化、帮扶解困和重点管控相结合，及时妥善有效处理各类矛盾问题。济南中级人民法院依法妥善处置社会广泛关注、群众反映强烈的三联"彩石山庄"项目案，在两个月内促成1724名当事人达成调解协议，2014年已发放执行款8.2亿元。

省法院开展"农民工讨薪"案件集中清理活动，完善快立快审快执"绿色通道"。沂水法院充分延伸司法职能，推出"司法扶贫"新模式，成立了精准扶贫巡回法庭。依据扶贫管理平台，逐户了解贫困户在法律方面的需求，对涉精准扶贫工作的案件一律实行立案"快车道"；对贫困户起诉案件一律实行诉讼费的缓、减、免，保证贫困人口打得起官司；对涉贫案件一律快审快执，公正、高效地维护当事人的合法权益。

◎ 依法调节经济关系，集中优化发展环境

认真践行五大发展理念，全省法院系统组织开展"五项调研"，分别制定印发"僵尸企业"司法处置、服务自贸区建设、促进绿色发展等意见，依法保障供给侧结构性改革，积极服务经济发展新常态。

围绕"蓝黄"战略、"一圈一带"规划的实施，山东省检察院先后推出新的服务举措452项，推动多元化纠纷解决机制改革。民营企业威海昌和渔业有限公司是当地远洋捕捞业的龙头企业，检察机关在办理其负责人龙某涉嫌共同受贿案过程中，依法慎重使用羁押措施，并积极协调银行履行2000万元的贷款合同，帮助企业重现生机。

健全人性化执法方式，山东省检察院从2013年起探索建立无羁押必要涉罪人员观护帮教制度，联合热心公益的企业设立帮教基地110多个，观护帮教2977人，这些人员均未重新犯罪。

延伸阅读 以司法工作完善优胜劣汰的市场竞争机制

> 山东海龙股份有限公司2012年陷入经营困境，面临退市。人民法院根据债权人的破产重整申请，依法裁定受理并主持重整，加强对资产评估、债权人会议、重整方案设计等工作的监督指导，妥善平衡各种利益关系。经过多方共同努力，该公司重组成功。2013年7月，深圳证券交易所撤销了该公司的退市风险警示及其他风险警示。

◎ 切实强化执行工作，合力实现胜诉权益

为打赢"基本解决执行难"攻坚战，山东省司法系统加大了涉民生案件的执行力度，着力解决被执行人难找、执行财产难寻、协助执行人难求、应执行财产难动"四难"问题。出台《关于建立完善守信联合激励和失信联合惩戒制度加快推进社会诚信建设的实施意见》，健全对被执行人银行存款、工商登记、证券交易、不动产等信息的网络查控体系，积极构建"一处失信，处处受限"惩戒机制，综合运用征信网站、广播电视、微博微信等平台公开曝光失信被执行人。仅2016年对77.9万人（次）在申请贷款、市场准入、高消费、出境和乘坐飞机、高铁等方面进行限制，一批被执行人迫于压力履行了法律义务；坚决惩治拒不执行判决、裁定犯罪行为，对1874人决定司法拘留，对108人依法追究刑事责任。省人大、省政府、省政协、省法院、省检察院等多部门形成合力，切实维护胜诉权益，确保2017年年底前实现"基本解决执行难"的目标。

延伸阅读 设立司法查控中心

　　青州市人民法院设立司法查控中心，以规范司法权运行为目标，以维护当事人合法权益为宗旨，推进司法查控信息、程序、实体和结果的全面公开。该院确立了以纵向顺序为主、财产线索优先的司法查控顺序，即原则上按照"银行存款—车辆等动产—房屋等不动产—有价证券、股权—对第三方债权—其他财产"的顺序查控，并对当事人提供的线索优先查控，推动了查控行为从"粗放型"向"集约型"转变，实现了"多案一查"和"一查多用"，避免了"多头查控"和"重复查封"。

◎ **围绕创新驱动发展战略，加强知识产权司法保障**

　　省法院制定并印发了《关于加强知识产权司法保护、推进创新驱动发展战略实施的意见》，就加强知识产权司法保护提出了16项措施。济南市中级人民法院充分发挥知识产权司法保障的作用，有力地促进了科技创新、文化繁荣。该法院审结的"六个核桃"外观设计专利系列维权案、《熊出没》动漫形象著作权案、"五常大米"证明商标侵权案、"沃夫特"商标及不正当竞争案、东方管道公司商业秘密案、"螺旋体铸造模型及其造型方法"专利行政诉讼案等，引起了全国及社会各界的高度关注。"银河公司专利权维权案"入选"2015年中国法院50件典型知识产权案例"。

◎ **加强环境资源审判，促进海洋经济发展**

　　省法院制定并印发了《加强环境民事公益诉讼审判工作的意见》，探索建立检察机关提起公益诉讼制度、修复性司法等新型审判方式，试行"禁止令"等预防性措施，依法审结多起重大环境污染案件。

　　大力推进审判机构专门化，2015年6月省法院成立环境资源审判庭，青岛、东营等中院和一些基层法院先后成立了专门机构，三级法院相衔接的环境资源审判格局初步形成，较好地适应了生态环境司法保护的需要。探索设立专项基金账户，东营市中院在市财政资金账户下设立"公益诉讼基金"，专门接收生效判决责令被告支付的款项。

2016年9月，章丘"10·21"重大环境污染案在章丘市人民法院一审开庭，章丘市检察院以污染环境罪对周某霞、王某洋等17名被告人及山东弘聚新能源有限公司、山东麟丰化工科技有限公司两家被告单位依法提起公诉。这是2015年7月全国人大常委会授权检察机关提起公益诉讼试点后，山东省检察机关支持环保组织提起的首例民事公益诉讼案件。

◎ 全面推进司法公开，深化司法体制改革

2012年山东省被确定为全国法院司法公开建设试点省份，目前全省三级法院全部建成审判流程、裁判文书、执行信息"三大公开平台"，当事人可随时通过网络查询案件进展。2014年山东省法院在中国裁判文书网公布裁判文书45.5万份，居全国第二位。

完善门户网站、微博、微信、手机APP等多元公开体系，对社会关注案件庭审全部实行微博直播，推进信息化建设工作形成"网络全覆盖、数据全集中、业务全贯通"格局。目前全省三级法院全部开通官方微博，及时发布信息、通报案情、直播庭审。山东省法院与菏泽、济南中院官方微博入选全国"十大法院微博影响力"排行榜。山东省法院与新闻媒体合办"法院在线"栏目，结合重大典型案件以案释法，扩大了宣传效果。山东省检察院微博粉丝60多万人，讲好检察好故事，传递法治正能量。

省法院建成诉讼服务大厅、诉讼服务网、12368服务热线"三位一体"的诉讼服务中心，统一服务标识和工作流程，为当事人提供一站式服务。临沂市兰山区人民法院以法院信息化建设为支撑，开通了网上立案、身份证信息自动识别自动录入系统、流程节点短信提醒、"掌上法院"APP等司法公开平台，由"要我公开"变"我要公开"，努力打造"互联网＋"时代下的信息化法院。

省检察院在全国率先建成全省三级院互联互通的远程接访系统，全面应用检察机关统一业务应用系统，对所有案件进行全程、实时、动态监督，

更加方便快捷地接待和办理群众诉求。

派驻检察室聚焦农村"两委"换届、征地拆迁、惠农政策落实等重点领域，强化对公安派出所、司法所、人民法庭执法司法活动的法律监督，建设收录涉农政策、社区矫正、群众诉求等数据的"信息小超市"，把法律服务送到千家万户、千厂百企，及时发现和查处基层违法侵权问题。

加强便民诉讼网络建设，构建以人民法庭为中心、巡回审判为纽带、法官服务站点为触角的工作体系，让当事人诉讼更方便、更快捷、更节省。在济南、青岛两地开展刑事案件速裁程序试点，对轻微刑事案件快速办结，平均审理时间缩短为7天。

加强人民法庭建设，在未设法庭的乡镇普遍建立便民诉讼服务站，在农村、社区设立联络点、联络员，打通服务群众"最后一公里"。2014年，最高人民法院在山东召开全国人民法庭工作会议，重点推广了山东法院优化法庭布局、方便群众诉讼的经验和做法。

全省各级法院、检察院完成首批法官检察官入额工作、司法人员分类定岗，建立了以员额法官检察官为核心的新型审判、检察团队办案模式。稳妥推进以审判为中心的诉讼制度改革，严格证据审查，制定了《死刑案件证据收集审查判断指南》和危险驾驶、非法吸收公众存款等8个罪名试点意见，统一司法裁判尺度。

 相关链接

大力实施人民陪审员"倍增计划"。东营中院在审理倪发科一案中，引入人民陪审员参审，在重大职务犯罪案件审判中属全国首例，中央政法委和最高人民法院要求总结推广这一做法。

为深入落实司法责任制，梁山县人民法院积极组建新型审判团队，2014年3月成立张永杰法官工作室以来，在创新诉讼服务方式、加强和改进审判管理、完善内部工作运行机制等方面不断探索，逐步形成了具有自身特色的审判团队模式，受到群众的好评。

推进家事审判改革，落实"人身安全保护令"制度，促进修复家庭关系，山东4个基层法院被确定为全国家事审判改革试点单位。

　　积极更新工作理念，创新思路方法，推进多元化纠纷解决机制改革，不断满足人民群众多元司法需求。潍坊市寒亭区人民法院整体推进"三级网络"全面覆盖。区委下发《寒亭区多元化纠纷解决机制流程管理细则》，健全了以"一个实施意见、一套文书格式、三种解纷途径（现场办理、诉前分流、提请会办）、两种处理结果（调解成功、调解终结）、一个司法确认程序（含三项法官释明、五步确认流程、三重司法助力、一套监督系统）"为核心内容的"一一三二一"操作流程，实现了三级网络衔接通畅。

懂法信法，全民守法

　　人民是依法治国的主体和力量源泉。人民的权益要靠法律保障，法律的权威要靠人民维护。山东省坚持以习近平总书记视察山东重要讲话和重要指示批示精神为指引，坚定不移地以党中央治国理政新理念新思想新战略统领普法依法治理工作，把法治宣传教育放在"四个全面"战略布局中谋划和推进，弘扬社会主义法治精神，建设社会主义法治文化，形成守法光荣、违法可耻的社会氛围，为法治建设继续走在前列奠定了良好基础。

　　◎ 广泛开展"法律六进"活动

　　"六五"普法期间形成了"法律六进"（进机关、乡村、社区、学校、企业和单位）的"山东路径"，全省建立青少年法治教育基地3689个，98.5%的中小学校配备了法治副校长，97%以上大中型企业配备了法律顾问，农村法治夜校达到7万所，县域法治宣传教育中心、乡镇"四个一"普法阵地基本实现全覆盖，多项工作走在全国前列。山东在全民普法整体推进的过程中，特别注重抓好"两个关键"：一是抓好党政领导干部这个"关键少数"；二是抓好青少年这个"关键群体"。

　　全面推进依法治国，必须抓好党政领导干部这个"关键少数"。领导干部是法治建设的领头羊，只有干部带头运用法治思维和法治方式处理各种问题，才能引领广大群众学法用法，继而尊法守法。怎样才能真正激发干部学法用法的积极性呢？滨州创造性地开展了干部考评"四述"活动，即在"述职、述廉、述德"的基础上增加了"述法"的内容。滨州市住建局局长张海手中有本"法治账"，每过一段时间，他都要理一理。内容涵盖精简审批事项，缩短办理时限；编制权力清单，清理行政权力；严格执法人员持证上岗、成立专业调委会……"年终考核，我要上台述法，这是动真格的。"张海坦言，"如果没有真抓实干和认真学习，到时要么无法可述，要么漏洞百出，心中有了这本'法治账'，述法就有底了。"事实上，不仅是张海，在2015年滨州市出台《全市各级领导班子和领导干部年度述法考核实施办法》后，学法守法用法已经成为滨州每位领导干部的工作常态。

守法须先知法懂法。为此，山东采取丰富多彩的形式以及方法开展普法活动，促成党政领导干部踊跃学习法律知识的浓厚氛围。2015年12月16日，由山东省人民政府法制办公室主办，山东广播电视台电视公共频道承办的"全省宪法和公共法律知识（电视）竞赛决赛"在山东广播电视台1号演播大厅举行。本次知识竞赛主题为"推进依法行政、建设法治政府"，来自17个市和24个省直部门的41支代表队参加了预赛，济南市、淄博市、潍坊市、日照市、德州市、滨州市、省公安厅、省财政厅、省地税局、省质监局等10支代表队进入决赛。经过个人必答、团队必答、快速抢答和风险挑战等4个环节的激烈角逐，省质监局代表队获得冠军。省直各部门、单位分管负责人和法制处（室）主要负责人，省普法办有关负责人，各市政府法制办主要

"全省宪法和公共法律知识（电视）竞赛决赛"现场

负责人，省政府法制办领导班子成员和工作人员，部分省政府法律顾问和"山东省法律专家库"成员共400余人现场观看了（电视）竞赛决赛。通过类似活动的开展，不仅大大提高了参赛人员业务能力和法律素养，而且在广大党政干部中形成了以知法懂法为荣的良好风气，有力地推动了依法行政各项工作的开展。

全民普法必须抓好青少年这个"关键群体"。法治建设的基础在教育，法治思维方式和法律信仰的养成关键在学校。中小学法治教育的模式与质量，直接关系着青少年的法治意识、法治思维和法治精神的培养。在全省各地中小学广泛建立了青少年法治教育基地，配备具有丰富法律知识的法官、检察官、律师等人士为法治副校长，针对青少年特点开展了多种形式的法律普及和法治教育活动。在青少年法治教育实践中，全省各地中小学广泛开展国旗下的演讲、法制征文、知识竞赛、模拟法庭、文艺会演、学生法制社团、社区普法等在内的多种活动，使青少年在丰富的实践活动中获得了直接的心理情感体验，潜移默化地增强了法治意识。

沂源实验中学设立"法治班主任"

高度重视以社会合力促使青少年法治教育"生根发芽"。通过各级教育部门、学校、司法、公安、工会、共青团、妇联等部门协调配合，联合开展丰富多彩的校园普法活动。充分发掘社会资源建立校外法治教育实践基地，就近与派出所、法院、劳教所、监狱、工商、消防、交警等单位联合开展校外法治实践活动，通过实地感受、现场体验的方式使青少年深切感受到法治的尊严与魅力。

◎ 精心打造法治文化齐鲁品牌

　　法治文化活动具有渗透性、感染性和趣味性，是开展普法教育的重要形式。开展全方位、大纵深的法治文化建设，充分融入齐鲁传统文化、地域特色文化，精心打造法治文化齐鲁品牌。同时，积极探索创新法治文化传播机制，注重运用"互联网＋"技术加强法治宣传工作，不断拓展法治文化传播平台，努力扩大法治文化阵地。

　　大力推进法治文化基础设施建设。建设法治主题文化公园可以方便群众学法用法，使群众长期在娱乐休闲中受到法治文化的熏陶，无形中逐步提升群众法治文化认同感及自身法律素养和法治精神，是基层群众接受法制宣传教育的中心地带。2013年，泰安市法治文化主题公园建成并投入使用。该主题公园位于泰安市南湖公园内，占地约7万平方米。法治文化主题公园包含中央领导人关于法治论述专栏、法律格言区、法治典籍区、中国法治进程、中外法治人物区、法治故事区、社区群众常用法律区等内容，形成浓厚法治宣传氛围，是寓知识性、直观性、趣味性于一体的普法学法场所。截至2016年年底，全省各地已经建成法治文化公园239处、法治文化广场566处、法治文化长廊5347条，初步形成了覆盖城乡的法治文化阵地。

泰安市法治文化公园

积极探索创新法治文化传播的方式方法和有效机制。家住济南的周大爷和老伴均年过八旬，由于子女相互推诿，养老问题没了着落。济南电视台生活频道和济南市司法局合办的"有话好好说"栏目遂将此事搬上了电视。录播现场，虽然子女们各陈其词，但在主持人、社区和事佬和调解专家耐心调解下，最终达成了赡养协议。"有话好好说"是山东首档与司法行政机关合办的公益调解类栏目，该栏目开播11年来，先后为基层群众调解各类矛盾纠纷3000余件，调解成功率保持在97%以上，成为济南市家喻户晓的普法品牌。目前，在山东像"有话好好说"这样的法治栏目多达979个，广泛分布在报纸、杂志、广播、电视等传统媒体。此外，山东还利用新媒体打造了全国首个省级普法微博群，目前微博发布厅共有省、市普法政务微博21个，累计发布信息两万余条。

◎ 狠抓普法工作责任制落实

习近平总书记在中央全面深化改革领导小组第三十二次会议上指出，要实行国家机关"谁执法谁普法"的普法责任制，明确国家机关普法职责任务，坚持普法工作和法治实践相结合，坚持系统内普法和社会普法并重，健全工作制度，加强督促检查，努力形成部门分工负责、各司其职、齐抓共管的普法工作格局。党的十八届四中全会明确提出实行国家机关"谁执法谁普法"的普法责任制。2017年5月，中共中央办公厅、国务院办公厅印发《关于实行国家机关"谁执法谁普法"普法责任制的意见》，把国家机关工作人员的普法学法摆在重要位置，要求领导干部带头尊法学法守法用法，推进国家机关工作人员学法经常化。

严格落实"谁主管谁普法、谁执法谁普法"的普法责任制，将法治宣传教育"软任务"变成"硬指标"。加强外部普法资源整合，出台《关于落实国家机关"谁执法谁普法"普法责任制的意见》，注重发挥法治宣传志愿者的作用，在全省组建普法志愿者队伍近1.3万支，推动形成了"人人参与法治宣传、人人推进法治宣传、人人共享法治宣传"的生动局面。

相关链接

"我姐姐和姐夫离婚了，孩子判给了我姐姐，但是姐夫一直不给孩子抚养费，这事儿你们管不管？""这种情况你要先到法院去申请执行，执法过程中如果有什么不公的地方，可以向我们反映并提供证据，情况属实，我们依法对其进行监督。"2015年4月17日，山东省德州市检察院在该市中心广场开展民事行政检察集中宣传活动，对群众的法律疑问，检察官认真热情地予以解答。这次宣传活动的主要目的是让群众对民事行政检察职能有一个更全面、更深入的认识，引导群众依法申诉，理性维权。

在普法实践中注重结合执法活动开展法治宣传教育，从而把普法融入执法的全过程。执法机关及其执法工作人员同时也是普法机关、普法工作人员；执法的领域或环节同时也是普法的领域或环节；具体的执法方式就是具体的普法方式。这样就使普法由静态变成动态，所要普及的法律知识变成了活生生的法律展示。这种生动形象的普法方式推动了普法工作的转型升级，其普法效果更加显著。

相关链接

备受关注的于欢故意伤害案在山东省高级人民法院二审公开审理。山东高院官方微博"山东高法"从早上8点半到晚上11点全程直播了庭审进程，文字、图片、视频，形式多样内容全面，让全国网民如"身临其境"观看庭审。新媒体直播将司法活动置于阳光之下，让庭审成为法治教育课堂，让正义以看得见的方式实现。热点案件由此成为全民共享法治教育的精彩"公共课"。

◎ 公共法律服务体系建设走在前列

法律只有实实在在地保障广大人民群众的合法权益，才能真正赢得他们发自内心的拥护和信仰，从而在全社会形成信法守法的良好氛围。山东着眼于推进基本公共法律服务均等化、便民化，在提高法律服务供给能力和服务水平上下功夫，有效地推进公共法律服务体系建设。目前已经基本建成保障有力、管理规范、运行高效、覆盖城乡、惠及全民的全方位公共法律服务体系。

公共法律服务体系实现全覆盖。截至2016年年底，开展"一村（社区）一法律顾问"工作取得良好成效，全省12个市建立了公共法律服务大厅，90%的县（市、区）和65%的乡镇（街道）建成了公共法律服务中心（工作站），35%的村（社区）建成了司法行政工作室，月均办理公共法律服务事项48万余件。市级"12348"热线平台已经全部开通，县级覆盖率达到95%，配备工作人员500余人，日均咨询量达1800余人次。

 相关链接

36条热线联动。截至2015年6月，济南12348公共法律服务热线已增加到6部，实行早8点到晚8点全年无节假日12小时人工接听和夜间自动答录工作制，实现了24小时不间断受理法律咨询，每个月接线4000多件。热线与济南市政府"12345"市民服务热线、市公安局"110"热线等36条热线保持协调联动机制，方便市民处理相关事务。适应互联网发展新形势，强化"互联网＋"思维，大力加强热线平台信息化建设，形成了以官方网站为躯干，以热线为纽带，以微博、微信为双翼的"一线贯通、一体两翼、线上线下融合、实体服务和网络服务互为补充"全覆盖的便民服务新模式。

法律公共服务品牌亮点频出。对烟台开发区的市民来说，有啥烦心事，第一反应就是找"法律管家"商量。烟台开发区"法律管家"基层法律服务新模式已经在全区蔚然成风。开发区充分发挥6家区直律师事务所、公证处和法律援助中心的法律资源优势，为全区每个村居（社区）配备了3名不同律师事务所的律师作为"法律管家"。居民可以选择咨询某个律师，也可以选择同时咨询3个律师，经过综合考虑咨询建议，群众就能够准确选择解决问题的途径。"法律管家"秉承"免费咨询、公平公正、应援尽援"的宗旨，为群众答疑解惑，帮助群众依法维权。区普法办和司法局指导各司法所帮助辖区村居（社区）建立起"法律管家"会客室，提前1个月公示会客律师名单和时间表，方便群众寻求法律援助。

着力建设，队伍过硬

全面推进依法治国，必须着力建设一支忠于党、忠于国家、忠于人民、忠于法律的社会主义法治工作队伍。山东始终把人才队伍建设作为推进法治山东建设的基础工程来抓，牢牢把握政治过硬、业务过硬、责任过硬、纪律过硬、作风过硬"五个过硬"总要求，着力加强思想政治建设和能力建设，以加强正规化、专业化、职业化为方向，努力建设一支信念坚定、执法为民、敢于担当、清正廉洁的政法队伍。

打造职业化人民调解队伍。"每月基本工资2400元，案件补贴1000多元，此外还给交着'五险'。"临沂市人民调解员王庆侦告诉《法制日报》记者，"这份保障不仅提升了工作积极性，更重要的是，这种被认可和被尊重的感觉让我们很欣慰。"王庆侦是兰山区检察院一名退休检察官，2015年他和另外4人经过报名、笔试、面试和政审等选拔环节，从100多名报考者中脱颖而出，成为兰山街道人民调解委员会的专职人民调解员。"培训合格后，方能持证上岗，每年还要进行年度培训。我们的工作职责非常明确，规章制度很严，奖惩考核也非常细致。"王庆侦介绍，他们5人涵盖老中青三代，且分工明确、相互配合，已经磨合得很好，化解了一大批民间纠纷。截至2016年8月，当地像王庆侦这样通过政府购买服务上岗的专职调解员已达2480人。临沂通过政府购买服务建设了一支职业化人民调解队伍，破解了困扰调解工作发展的诸多障碍和问题，实现了人民调解工作的长效性和持久性。目前，临沂市的先进经验已经在山东全省全面推开并取得良好社会效果。

高端法律服务人才培训工程成效显著。2011年至2015年，由省人社厅、商务厅、司法厅组织实施的"百名应对国际贸易摩擦高端法律服务人才培训工程"，分5年选拔95位中青年律师，进行反倾销、反补贴、保障措施调查等应对国际贸易摩擦法律培训。据不完全统计，仅2011年至2013年期间，受训律师回国后办理涉外案件80余起，涉案标的62.81亿元，为企业举办反补贴、反倾销相关知识培训76场。在日常工作中，参训律师更是发挥"传、帮、带"作用，为山东省带出一批涉外高端业务人才，切实达到了"培训一个律师、带动一个团队、跨上一个台阶、引领一个行业"的良好效果。

党政重大决策必请法律顾问到场。2016年3月2日上午，中共山东省委举行聘任仪式，聘任冯军、商志晓、周长军、苏波、霍建平5人担任省委法律顾问，聘任于向阳等30人担任省委法律专家库成员。凡省委决策的重大事项、出台的重要党内法规和规范性文件，都要把合法性审查作为前置程序，主动向法律顾问和专家咨询，虚心听取意见建议。2014年10月，省政府举行"高端装备制造业转型升级座谈会"，时任省长郭树清走进会议室后开口便问："法律顾问来了没有？"当确认到场后，会议才开始。目前，省政府每逢开会研究重大决策事项、重要合同审查、重大信访案件，必请法律顾问和法律专家到场。

全国首创"法律顾问＋法律专家库"的工作模式。为解决法律顾问来源单一、覆盖面不足的问题，山东省确定建立"山东省法律专家库"，自2014年5月起向社会公开征集人选。经过层层筛选后，共有102人入选专家库。当政府需要时，根据业务专长请他们有偿提供服务。"法律顾问＋法律专家库"的工作模式为依法决策发挥了积极作用。2014年10月中旬，省政府口岸办在与新加坡签订《电子口岸平台建设协议书》之前，请省政府法律顾问王建平律师审查把关，其提出的10余条意见多数被采纳。在短短6个月间，省政府法律顾问和"山东省法律专家库"成员先后参与了"城市综合交通规划""钢铁产业结构调整""新型城镇化规划编制"等10余次省政府专题会议和重大事项的研究论证。各省直部门在办理本部门的业务工作时，也已形成惯例，主动申请省政府法制办从省政府法律顾问或"省法律专家库"中选派相关领域的专家、律师参与有关法律事务。

十、不忘初心　从严治党

办好中国的事，关键在党，关键在党要管党，从严治党。党的十八大以来，以习近平同志为核心的党中央对全面从严治党提出一系列重大创新理论，实施一系列重大创新工程，推动党的建设取得前所未有的新成就。山东省委旗帜鲜明讲政治，强化"四个意识"，不断提高政治站位、政治觉悟、政治能力，坚持思想建党、组织建党、制度治党紧密结合，严字当头，实字托底，推进管党治党真管真严、敢管敢严、长管长严。

坚定信念，思想"补钙"

习近平总书记指出："要练就'金刚不坏之身'，必须用科学理论武装头脑，不断培植我们的精神家园。"思想理论武装是党的建设基础工程。山东省委把学习贯彻习近平总书记系列重要讲话精神作为提高政治素质、强化看齐意识的首要任务，2013年，在全国较早制定了《中共山东省委关于深入学习贯彻习近平总书记一系列重要讲话精神的意见》，对全面系统学习讲话精神提出明确要求、做出安排部署。

◎ 党委（党组）理论学习中心组充分发挥火车头和示范班作用

山东省委理论学习中心组围绕学习贯彻习近平总书记系列重要讲话精神这条主线，紧密结合工作实际，充分发挥表率作用，不断扩大学习纵深、拓宽学习覆盖，引导全省上下自觉以系列重要讲话精神统一思想、凝聚力

"两学一做"知识竞赛

量，为实现"走在前列"目标提供强有力的思想保证和智力支持。

党的十八大以来，省委中心组共组织集体学习60多次，专门成立山东省习近平总书记系列重要讲话精神学习研究课题组，定期将总书记重要讲话、课题组研究成果等按专题编印成册，为自学提供参考；省委宣传部连续6年向党政干部提供学习书目累计30多期200多种，供学习参阅；山东省各级广泛参与习近平总书记系列重要讲话精神、"中国梦"、"两学一做"、"省第十一次党代会"等系列宣讲活动，以上率下、层层带动，有力推动了中央精神在基层的落地生根。仅2016年，省市县三级集中宣讲达15000多场次，直接受众近300万人（次），通过电视直播、网络转播等媒体传播间接受众达2000多万人（次）。同时，为适应新媒体发展趋势，省委宣传部创立"学习"微信公众号，向省委中心组成员推送80多期专题，编印《党委中心组学习参阅》18期，为中心组学习提供参考。在省委中心组的示范带动下，全省3000多个县级以上党委中心组，每个中心组每年组织集中学习都在10次以上，引领和推动广大党员干部特别是领导干部更好地用讲话精神武装头脑、指导实践、推动工作。

◎ 上下联动，教育实践活动有序推进

教育是基础，"补钙壮骨"才能立根固本。结合党的群众路线教育实践活动、"三严三实"专题教育和"两学一做"学习教育，深入开展党性党风党纪教育。其中，山东省委理论学习中心组先后组织7次专题辅导报告会，10次集中学习研讨，中心组成员逐次发言，紧密结合思想和工作实际，查摆问题、深化认识，在思想上政治上行动上与党中央保持高度一致。

省委把开展群众路线教育实践活动作为党要管党、从严治党重大部署，作为加强领导班子和干部队伍建设、加快建设经济文化强省的难得机遇，不折不扣贯彻中央部署要求，周密组织，精心实施，确保了群众教育实践活动健康有序进行。2013年6月到2014年10月，党的群众路线教育实践活动自上而下分两批进行。省委先后召开20次常委会议暨教育实践活动领导小组会议，各级共组建了2400多个督导组。在第一批活动中，省委派出16个督导组，共梳理各类意见建议3.4万条；在第二批活动中，省委派出17个赴市督导组、137个省市赴县联合督导组，直接听取群众意见建议11.9万多人次，梳理出意见建议20.7万多条。群众路线教育实践活动中，各级通过深入谈心谈话打通思想关节，共开展6万人次的"双向约谈"，市县领导班子成员之间平均开展了3轮、共计3.6万次谈心谈话。专题组织生活会上，173万名党员撰写了对照检查材料，所有参加活动的党员都进行了认真对照检查。

关键词

　　"双向约谈"是指组织人事部门接受党员干部人才约谈和主动约谈党员干部人才的一项工作，是组织人事部门与党员干部人才交流思想、沟通工作、增进理解、相互促进的有效途径，是加强党员干部人才队伍建设，特别是各级领导班子和领导干部思想政治建设的有效载体，是加强组织人事部门自身建设，提升组织工作"三服务两满意"水平的有效手段。

2015年5月，省委举办"三严三实"专题教育党课，正式启动全省县处级以上领导干部"三严三实"专题教育。坚持以上带下，夯实责任，突出问题导向，抓实关键动作，取得了实实在在的效果。一是专门编印了《习近平论"三严三实"》学习资料，摘编习近平总书记党的十八大以来有关重要论述。通过学习研讨，在深化认识中明确方向、拿出措施。二是结合工作调研，确保学习研讨不走过场，加强对下级和分管部门的督促指导，对17市开展了三轮督查。三是查摆问题深度，督促各地各单位深入查摆不严不实问题，及时列出问题清单，做到每个专题一小结、三个专题一汇总。

针对班子和个人问题清单，要求组织集体"会诊"，并由上级审核把关，确保问题查得准、挖得深。经过深入调研、专题学习，汇总梳理出3类18条不担当不作为问题的具体表现，将整改落到实处。

把"两学一做"学习教育融入中心工作，紧扣贯彻落实新发展理念、协调推进"四个全面"战略布局，为实现"十三五"奋斗目标凝心聚力；紧扣市县乡领导班子换届，严肃换届纪律，为配强班子选好干部营造良好氛围。立足山东红色资源、文化资源丰富的优势，用好沂蒙党性教育基地、济宁干部政德教育基地、胶东革命教育基地等红色教育资源，用好齐鲁优秀传统文化资源，引导党员践行社会主义核心价值观，做"四讲四有"合格党员。把管好党员与建强支部结

华东革命烈士陵园

合起来，提出"建设过硬支部"，激活基层党组织、增强基层组织力。2017年4月，山东省出台《关于推进"两学一做"学习教育常态化制度化的实施方案》，确保在推进"两学一做"学习教育常态化制度化上取得新进展、见到新成效。

◎ **依托红色资源，加强党性教育**

2013年11月，习近平总书记到临沂视察时指出："军民水乳交融、生死与共铸就的沂蒙精神，对我们今天抓党的建设仍然具有十分重要的启示作用。"结合落实习近平总书记视察山东时对学习弘扬沂蒙精神的重要指示，进一步改造、提升沂蒙党性教育基地，先后组织5万多名干部到基地接受教育，重温党的光荣历史和优良传统，使党员干部的心灵得到净化、意志更加坚定，正确的世界观、人生观和价值观得到进一步巩固。省委依托沂蒙根据

沂蒙精神
代代相传

地丰富厚重的红色资源，创新沂蒙精神教学模块、群众工作教学模块、党的建设教学模块、武装斗争教学模块、榜样引领教学模块、"两学一做"专题模块等六大模块，着力打造了沂蒙党性教育基地，通过解读沂蒙根据地和沂蒙精神产生发展的原因，教育党员干部"不忘初心、继续前进"。

◎ "党性体检"为党员干部"量压把脉"

党性是党员干部立身、立业、立德的基石，必须在严格的党内生活锻炼中不断增强。山东省创新党员组织生活方式，设立"党性教育体检中心"，让党员在学习教育中发现不足、增强党性。淄博市临淄区通过开展党性体检，给全区党员"量压把脉"，查党性健康，找问题病根，让党员在"初心教育"中增党性、葆先进。自2016年5月开始，淄博市临淄区新设立的4个党性教育体检中心陆续开放。全区3万多名党员先后走进体检中心，在一项一项问题指标面前，逐条给自己打分，像健康查体一样，对个人的党性、政治标准做全面检查。观看党性教育片、学习先模事迹、重温入党誓词、党员自检、民主评议，党性教育体检中心精心设计的教育、自检、会诊、康复4个功能区，每个环节都营造出严肃凝重的环境气氛。

◎认真学习宣传贯彻习近平总书记"7·26"重要讲活精神

2017年7月30日，省委发布《中共山东省委关于认真学习宣传贯彻习近平总书记在省部级主要领导干部专题研讨班上重要讲话精神的通知》，各级党组织以高度的政治责任感使命感，将学习好、宣传好、贯彻好习近平总书记重要讲话精神作为重要政治任务，认真组织学习，以讲话精神为指导，迅速兴起迎接党的十九大宣传热潮。

依规治党，完善制度

党的十八大以来，以习近平同志为核心的党中央从协调推进"四个全面"战略布局的高度，高度重视从严治党、制度治党、依规治党，为新形势下党内法规制度建设提供根本遵循、注入强大动力，进一步夯实了全面从严治党的制度基石。近年来，山东省党内法规制度建设推进步伐明显加快，制定出台一大批重要条例规范，有力推动了党内法规体系建设，使全面从严治党的制度基础在山东落地生根。

◎ 建章立制，深化党建制度改革

2014年2月，山东省委、省政府印发了《山东省实施〈党政机关厉行节约反对浪费条例〉办法》。结合山东实际，对党政机关经费管理、国内差旅、因公临时出国（境）、公务接待、公务用车、会议活动、办公用房、资源节约等进一步作出规范，对宣传教育、监督检查、责任追究等工作提出明确要求，是深入开展党的群众路线教育实践活动建章立制的重要成果，进一步推进了山东省厉行节约反对浪费工作制度化、规范化、程序化，从源头上狠刹奢侈浪费之风，进一步扎紧制度笼子。

2014年12月，山东省出台《深化党的建设制度改革实施方案》，明确5个改革重点，确定21项改革任务。实施方案分别从深化党的建设工作责任制度改革、党的组织制度改革、干部人事制度改革、党的基层组织建设制度改革、人才发展体制机制改革5个方面，提出改革的21项主要任务和29项具体举措，并规定责任主体、时间进度和可检验的成果形式，明确到2020年建立起系统完备、科学规范、运行有效，更加成熟更加定型的党的建设制度体系。

◎ 规范问责程序，为精准执纪问责提供制度标尺

为深入贯彻落实《中国共产党问责条例》，2017年6月，山东省委常委会议讨论通过《中共山东省委实施〈中国共产党问责条例〉办法》，规范问责程序，切实推动全面从严治党政治责任落地生根。《中共山东省委实施〈中国共产党问责条例〉办法》将"党的领导弱化""党的建设缺失""全面从严治党不力""维护党的纪律不力""推进党风廉政建设和反腐败工作不坚决、不扎实""其他应当问责的失职失责情形"6种情形进一步细化为29种具体情形，明确问责启动、调查、线索移送、问责决定作出和执行、成果运用以及救济条款等内容，开列负面清单，实行终身问责。

强化组织，提升素质

党的十八大以来，以习近平同志为核心的党中央高度重视干部队伍建设，坚持党管干部原则，坚持新时期好干部标准，坚持德才兼备、以德为先，坚持五湖四海、任人唯贤，坚持事业为上、公道正派，不拘一格选人用人，深化干部人事制度改革，强化干部管理监督，激发干部队伍生机活力，确保党和国家各项事业顺利推进。几年来，山东省委在组织建设、干部选配、干部素质提升等方面创新工作方法，成效显著。

◎优化选配基层党组织书记

2015年10月，山东省委印发《关于深入推进基层服务型党组织建设的实施意见》，提出，村党组织书记补贴标准，按照每人每年不低于上年度所在县（市、区）农民人均纯收入的两倍确定；城市社区"两委"成员平均生活补贴标准，不低于上年度所在县（市、区）在岗职工平均工资；基层党组织书记可采取第一书记兼任、返聘退休干部等方式配产；每两年从省直部门单位向省定贫困村选派一轮第一书记。

◎建设过硬党支部，打造模范部门

2017年，烟台市委组织部深入贯彻落实全面从严治党要求，紧紧围绕市委中心工作和全市组织工作重点，深入开展"组织工作提升年"活动，从严从实强化干部管理，着力建设过硬支部、打造模范部门。烟台市从持续深化"两学一做"学习教育，推动思想政治过硬；深入开展"组织工作提升年"活动，推动素质能力过硬；从严从实强化干部管理，推动工作作风过硬三措并举，逐步建立健全日常学习长效机制，做合格组工干部长效机制，以上率下、层层示范长效机制，坚持持之以恒抓学习，集中力量抓创新，一以贯之抓规范，雷厉风行抓落实；坚持围绕中心、服务大局开展工作，坚持高点定位、争创一流推动工作。

党员固定活动日接受廉政教育

◎ 设立兼职组织员，优化党组织队伍建设

2015年8月，威海市聘请10名首批兼职组织员。首批兼职组织员是从威海市全体市级党代表、退出一线领导岗位及退休县级干部中，经过精心筛选、认真研究、慎重考虑，最终确定。设立兼职组织员是新常态下落实党要管党、全面从严治党的必然需要，是继承和发展我们党的组织制度的现实需要，是解决当前党员队伍建设突出问题的迫切需要。在实践中，兼职组织员严把发展党员关和党员日常管理关，切实维护发展党员工作的严肃性，健全和活跃党的基层组织生活。对工作中发现的问题进行指导、反映，充分发挥了参谋指导、督促推动等作用，抓好了党员队伍建设各项工作。

◎ "组工大讲堂"提升干部素质

为提升组工干部自身综合素质，不断提高组工干部"开口能讲、提笔能写、遇事能干"的能力，进一步打造学习型党组织和学习型干部队伍，山东省各地级市先后开展"组工干部大讲堂"活动。"组工干部大讲堂"采取每周一主题，每次2~3人的方式进行，实行一人讲、众人议。同时，采取不定期邀请党史专家、基层党委书记、身边优秀党员等进行专题授课。

2017年，山东省淄博市博山区委组织部围绕组织工作新形势、新任务、新要求，利用"组工大讲堂"，要求组工干部以讲课的形式，自己准备课题、制作课件，轮流登台讲课。内容涵盖科室业务知识、工作体会、读书心得、兴趣爱好、法律法规、经济、文化等各个方面，每月进行两次。这是该区围绕打造"理论通、政策精、业务熟、能力强"组工干部队伍，加强自身建设的活动之一，旨在培养锻炼组工干部开口能讲、提笔能写、遇事能办的能力，也为组工干部提供一个学习交流、展示自我、促进提升的平台，助推机关干部主动学习，以学促工作，确保将更加全面的知识结构和专业的业务能力运用到工作实践中。

反腐倡廉，风清气正

党的十八大以来，以习近平同志为核心的党中央，狠抓党风廉政建设坚决查处违纪违法案件，党风政风和社会风气焕然一新。在党风廉政建设和反腐工作中，山东省注重机制建设，坚持和完善廉政谈话制度，前移监督关口，取得良好成效。山东省纪委切实做好平时同各级领导干部进行廉政谈话，在地方开展党政干部同部门负责人述廉述责试点，在县级单位深化领导干部述廉试点等各项工作，同时，注意发现问题、解决问题，突出问责，落实行动，深入推进党风廉政建设和反腐败斗争。

◎ 盯紧群众身边腐败，查处违反"八项规定"问题

在中央纪委和省委坚强领导下，山东各级纪检监察机关聚焦中心任务，保持坚强政治定力，强化监督执纪问责，推动党风廉政建设和反腐败工作取得新进展新成效。几年来，山东省党风廉政建设和反腐败斗争始终保持

高压态势，坚持无禁区、全覆盖、零容忍，"紧箍咒"越念越紧，"组合拳"越打越密，"带电的高压线"威慑力越来越大。其中，山东省委原常委、济南市委原书记王敏，济南市原市长杨鲁豫，以及山东省原副省长黄胜严重违纪违法，被依法处理并作为党员干部警示教育的反面典型。

至2017年3月，山东省各级纪检监察机关共查处违反中央八项规定精神问题16181起，处理21268人，党纪政纪处分9801人。省纪委通报曝光的案例共涉及厅级干部59人，处级干部78人。同时，着力解决群众身边的不正之风和腐败问题。严肃查处发生在民生资金、"三资"管理、土地征收等领域的严重违纪行为，依规依纪查处吃拿卡要、与民争利、欺压百姓的问题。

◎ 加强省内巡视工作，推动党风廉政建设落到实处

按照全面从严治党要求，贯彻中央巡视工作方针，坚持巡视监督、聚焦中心的指导思想，加强省内巡视工作，创新方式方法，让巡视利剑高悬、震慑常在。省委巡视组对县（市、区）进行的专项巡视，盯住重点人、重点事、重点问题，突出党政领导班子成员特别是"一把手"，着力发现被巡视地方作风、纪律、腐败、选人用人方面的问题，尤其是继续坚持将落实"两个责任"、执行政治纪律、组织纪律和遵守政治规矩情况作为重要内容，明确指向、聚焦问题、发挥监督作用。对整改不认真的，予以问责，确保件件有着落。

省十次党代会以来，共开展15轮巡视，完成对308个地区、单位党组织的巡视全覆盖和22个地区、单位党组织的巡视"回头看"，通过巡视发现问题2518个，问题线索6073件，党纪政纪处分4328人。2017年新一轮巡视，重点监督检查各地各部门贯彻落实中央和省委关于加快新旧动能转换和打赢脱贫攻坚战决策部署情况，强化各级党组织和党员干部的政治责任、政治担当，促进中央和省委重大决策部署落地落实。

◎ 制作宣传教育片，敲响纪律警钟

为更好地学习宣传贯彻两部党内法规，促进各级党组织和广大党员干部深刻领会两部党内法规的精髓要义，进一步增强学习贯彻两部党内法规

的思想自觉和行动自觉，切实把党章党规党纪刻印在心上，自觉坚持高标准，守住底线，2015年省纪委宣传部制作了《党员干部要自觉守纪律讲规矩》动漫宣传教育片，重点介绍党的纪律主要内容，列举违反纪律的现象，提出守纪律讲规矩的要求。

2017年，山东省纪委宣传部、山东广播电视台联合制作反腐专题片《永不停歇的征程》，选取了党的十八大以来特别是近一两年来山东省查处的党员干部违纪违法典型案例，通过当事人现身说法来展现山东省正风反腐取得的成效。旨在通过对大量案例的深度剖析、违纪人员深刻反省现身说法、结合专家解读，警示教育广大党员干部特别是领导干部要时刻筑牢拒腐防变思想道德防线，自觉抵制各种诱惑。

倾力基层，夯实党建

各地积极探索加强基层党组织建设的新路子，创新基层组织设置模式，丰富拓展服务群众内容和渠道。近年，整顿软弱涣散基层党组织7512个，选配基层党组织书记1700多名。无论是从党组织建设上，还是从党员素质提升方面都做了积极有效的尝试，取得了较好成果。

◎ "第一书记"成为基层党建响亮品牌

山东基层党建，最响亮的品牌当属"第一书记"。2012年以来，分4批从省直单位选派了2136名机关干部，到全省最贫困落后的1247个村担任第一书记抓党建促脱贫，同时带动了市、县选派3万多名第一书记帮包2.4万个村。这些第一书记强班子、育骨干、带队伍，党建与扶贫一同谋划设计，一体推进落实，巩固了党在农村执政的组织基础。

◎ 加强城市基层党建融合，服务融"心"

近年来，山东省城镇化快速发展，超过70%的党组织、60%的党员分布在城市各个领域。为适应这一新形势，山东把城区、街道、社区三级党组织联动起来，把街道社区、驻区单位、新兴领域的党建工作统筹起来，

城中社区党群服务中心

激活了城市基层党建一盘棋。像这样覆盖楼宇、商圈、市场、园区的区域性党组织，山东已建立了822个，管理服务下辖基层党组织6016个、党员7.7万名。

服务群众工作，光靠社区党组织"孤军奋战"远远不够，必须深入挖掘驻区单位资源。省委书记刘家义表示，必须突出问题导向、基层导向、目标导向，压实地方党委、相关部门、基层党组织责任，推动各领域基层党建理念融合、资源融合、工作融合，不断提升城市基层党建工作水平。

为了推进党建融合，山东推动驻区单位与街道社区共驻共建，把各领域党组织动员起来、党员作用发挥出来，凝聚起"同在屋檐下、都是一家人"的家园意识。全省有10641家机关、企事业单位党组织联系社区，46万名在职党员到社区报到，越来越多的驻区单位与街道、社区从"不相往来"，变成"亲如一家"。

◎ 深入开展党建结对共建活动

2017年9月，中国银行淄博淄川支行与淄川区人社局举行党建共建签约仪式。会上，签约双方代表介绍了本单位党建工作开展情况及业务发展情况，双方共同签署了《党建共建协议书》。党建共建的签约，为双方党建共建活动的开展，以及日后各项工作的深入合作提供了新的平台和机遇，是中行淄川支行积极践行中行总行党建工作"三个融入"导向，即融入基层、融入业务、融入内心的有力体现。支行积极把握"服务中心、服务大局、服务企业、服务群众"这条主线，本着银政共赢的原则，与共建单位并肩携手全力做好金融服务，更好地服务地方百姓，切实为地方经济发展增添新动力。

◎ 积极推进"互联网＋党建"工作

首创"互联网＋社村共建＋党建"新模式。为进一步加强基层服务型党组织建设，即墨市供销社与即墨市委组织部于2015年5月，开展了"互联网＋社村共建＋党建"基层党建新模式。以服务"三农"为根本目的，将经济工作融入党建工作，用党建工作指导经济工作，依托"中国·即墨农民专业合作社网"，建立"惠农先锋网"；在村级建立"惠农先锋·社村共建供销电子商务服务站"。以服务站为平台，开展农村党建工作和为农服务一系列活动，提高村级集体收入，增强基层党组织的凝聚力和战斗力。

2017年8月，省委组织部下发《关于做好"灯塔——党建在线"综合管理服务平台应用工作的通知》，对党员注册登录、微信公众号关注及网上e支部开通等工作进行了安排部署。临沂市兰陵县积极采取措施，扎实推进党员注册登录、网上e支部开通及内容发布、"三务"公开系统推广使用等工作。兰陵县先后3次召开乡镇组织委员会议，对乡镇进行了重点安排。积极组织开展"灯塔——党建在线"综合管理服务平台推广宣传周活动，充分利用县内新闻媒体、各单位微信公众号、宣传栏、电子屏、村村响大喇叭等，对党员注册登录、网上e支部开通等工作进行广泛宣传，印发了《致全县广大党员的一封信》，不断扩大覆盖面、知晓率，在全县形成一种"学灯塔、用灯塔"的浓厚氛围。

不忘初心，方得始终。在实现中华民族伟大复兴的伟大时代，在全面从严治党的时代背景下，齐鲁大地广大党员干部群众一定会更加紧密团结在以习近平同志为核心的党中央周围，牢牢把握走在前列的目标定位，在思想上教育全体党员坚定理想，在行动上引领全体党员踏实前进。相信在中国传统文化的发祥地、在改革开放的这片热土上，山东将在新的历史时期继续以敢为人先的魄力，锐意进取、改革创新，加快推进由大到强战略性转变，奋力开创经济文化强省建设新局面，为实现"两个一百年"奋斗目标作出新的更大贡献，以优异的成绩迎接党的十九大胜利召开！

后 记

　　本书作为反映党中央治国理政新理念新思想新战略山东实践的通俗理论读物，由中共山东省委宣传部组织编写。山东省委常委、宣传部部长孙守刚高度重视，提出明确要求。省委宣传部副部长徐向红主持编写工作。

　　本书由方雷、高奇负责提纲拟定、体例设计和修改统稿工作。参加编写的人员有（按姓氏笔画为序）：马明冲、王彬、王会宗、王国龙、厉尽国、刘雅静、李春憬、吴磊、闵琪、张乐民、张妍妍、陈家付、郑敬斌、段立国、高越。殷玉平、张汝金、房树人、刘洁、徐雷等同志负责总体策划、组织协调工作。魏学武、李述森、张杰、管延忠等同志参加了框架讨论和修改工作。

　　本书编写过程中，得到了山东省委政研室、山东省委党校、山东社会科学院、山东大学等部门和单位负责同志以及专家学者的大力支持，在部分资料使用上吸收了已有相关成果。山东人民出版社李怀德同志对本书的出版付出了辛劳。王涛、梁丛丛、韩文彬、刘安琳、杨毅、孔明明、咸友芹、杨荔敏、唐晓雪、王盼、张珑春、王宇翔、赵远志、刘超、周旋、田凯华、马亚楠等在图表绘制、拍摄以及资料查对等方面做了大量工作。此外，本书还使用了一些所介绍单位门户网站的图片资料。在此一并表示感谢！

　　由于时间仓促和水平所限，书中难免有不足之处，敬请读者批评指正。

编　者

2017年9月